钻爆法隧道炮孔智能识别与光面爆破参数优化方法

张万志　著

北　京
冶 金 工 业 出 版 社
2025

内容提要

本书系统地介绍了钻爆法隧道炮孔智能识别和光面爆破控制技术及其工程实践，采用深度学习、现场试验和理论分析相结合的方法，研究了钻爆法隧道炮孔图像智能识别、炮孔与装药参数智能优化方法。全书共分7章，主要内容包括绪论、目标检测与光面爆破参数智能优化方法、隧道炮孔目标检测数据库的构建与分类、基于深度神经网络的单个炮孔目标检测方法、基于深度神经网络的分阶段多个炮孔目标检测方法、节理岩体隧道光面爆破参数优化、结论与展望。

本书可供土木工程、地下工程、岩土工程、隧道工程等领域的科研人员、工程设计与技术人员、工程监测人员等阅读，也可供高等院校地下工程、隧道工程、防灾减灾工程、生态学及相关专业的师生参考。

图书在版编目(CIP)数据

钻爆法隧道炮孔智能识别与光面爆破参数优化方法 / 张万志著. -- 北京 : 冶金工业出版社, 2025. 8.
ISBN 978-7-5240-0300-7

Ⅰ. U455. 41

中国国家版本馆 CIP 数据核字第 20252DY458 号

钻爆法隧道炮孔智能识别与光面爆破参数优化方法

出版发行	冶金工业出版社	**电　　话**	(010)64027926
地　　址	北京市东城区嵩祝院北巷 39 号	**邮　　编**	100009
网　　址	www. mip1953. com	**电子信箱**	service@ mip1953. com

策划编辑　杜婷婷　责任编辑　马媛馨　美术编辑　吕欣童　版式设计　郑小利
责任校对　梁江凤　责任印制　禹　蕊

北京建宏印刷有限公司印刷

2025 年 8 月第 1 版，2025 年 8 月第 1 次印刷

710mm×1000mm　1/16；9. 5 印张；186 千字；144 页

定价 79. 00 元

投稿电话　(010)64027932　投稿信箱　tougao@ cnmip. com. cn

营销中心电话　(010)64044283

冶金工业出版社天猫旗舰店　yjgycbs. tmall. com

(本书如有印装质量问题，本社营销中心负责退换)

前　言

随着我国交通强国战略的提出，隧道与地下工程建设要求向高质量、精准化、智能化建设方向发展。由于钻孔爆破法施工简便、灵活、造价低和适用性强，铁路、公路及地铁等岩质隧道主要以钻孔爆破法开挖为主，并且以光面爆破技术应用最为广泛。由于地质条件复杂，岩体中常常赋存大量的层理及节理裂隙，应用光面爆破技术开挖隧道时，相应岩性特征下炮孔数量、间距、分布和装药量等参数尚缺乏系统性理论支撑，致使隧道开挖后常会出现严重的超欠挖，甚至会造成隧道塌方等事故。

当前，图像分析、深度学习等人工智能方法在隧道衬砌病害检测和隧道内车辆识别等方面已经获得广泛应用。然而，相关技术在隧道智能爆破领域的应用比较缺乏。由于隧道炮孔参数直接影响爆后开挖效果，炮孔数量和间距等参数的智能优化可为实现隧道精细化爆破提供有力的技术支持。本书针对隧道炮孔参数的准确、快速获取及复杂岩体隧道光面爆破参数优化开展研究，通过现场炮孔图像采集及分类、深度学习方法的改进、理论分析和现场试验及监测等方法，实现了隧道炮孔的自动化识别与位置定位，基于此进一步获得了炮孔数量及间距参数，最终实现了光面爆破参数的智能优化，并进行了工程应用。

作者在国家重大工程建设项目的支持下，综合深度学习、数值模拟、经验公式和理论分析等方式，开展了钻爆法隧道炮孔智能识别与光面爆破参数优化方法研究。首先，构建了涵盖不同围岩类型的隧道炮孔图像数据集，为炮孔识别提供了数据基础，提出了基于改进 Faster R-CNN 的深度学习模型，实现了单个炮孔、多个炮孔及困难炮孔的高精度识别与定位；其次，通过理论分析与现场试验，揭示了复杂岩体条件下隧道爆破的围岩损伤机理与破坏规律，优化了炮孔与装药参数，显著改善了隧道开挖轮廓成形质量；最后，结合粒子群算法与深度神经网络，构建了地质条件、爆破参数与爆后效果的非线性智能映射模型，以超挖规范允许值为约束条件，实现了炮孔与装药参数的智能优化。该研究成果在高速公路隧道、高速铁路隧道、地铁车站隧道等工程中取得成功应用，产生了良好的经济效益和社会效益。

本书的撰写，得到了山东大学徐帮树副教授、西南交通大学梅洁等的大力支持和帮助，在此表示衷心感谢！同时感谢参与本书相关研究和部分文字撰写工作的岳光耀、石伟航、耿伟卫、张恒等研究生。

本书在撰写过程中，参考了相关文献资料，在此向文献资料的作者表示诚挚的感谢。

由于作者水平所限，书中不妥之处，敬请读者批评指正。

作　者

2025 年 3 月

目　录

1 绪 论

1.1 研究背景

随着国家“交通强国”与“西部大开发”等战略的贯彻实施，交通、水利水电等重大基础设施得到了迅速完善，隧道（洞）工程作为基础设施的关键工程，其建设规模和速度达到了空前规模。截至2023年底，投入运营的铁路、公路和地铁隧道里程分别达到2.2×10^4 km、2.1×10^4 km和1.0×10^4 km。在建铁路隧道约为6000 km，主要涉及高速铁路、城际铁路和西部地区的干线铁路项目；在建公路隧道里程约为5000 km，主要集中在山区和地形复杂区域，如西南地区的山区高速公路项目；在建地铁隧道里程约为7000 km，覆盖了全国多个城市的地铁扩建和新线建设项目，尤其是二线及三线城市的快速轨道交通发展。

常用的隧道开挖方法包括钻爆法、盾构法、TBM法、沉管法等。现阶段及未来很长一段时间内，钻爆法仍然是岩质隧道及地下工程应用最广泛的开挖方法之一。其原因是：一方面，钻爆法施工简单、灵活、经济成本低，适用于不同类型岩体、不同长度的隧道工程掘进开挖；另一方面，多臂智能凿岩台车的兴起与应用，以及爆破机械及器材的不断发展，助力钻爆开挖方法的不断完善。

隧道钻爆开挖是设计轮廓有限范围内岩体的破碎、抛掷、成形，根据自内向外的爆破顺序，光面爆破发生在掏槽爆破、崩落爆破形成新的开创自由面之后。光爆层是指周边孔与最外层内圈孔之间的一圈岩石层，光面爆破的结果是实现光爆层的开挖，其爆破开挖质量是控制隧道轮廓成形效果和围岩稳定的关键环节，也是保障后续隧道安全施工的基础和前提。目前，一大批地质条件复杂、极端复杂的隧道工程（如高海拔铁路、公路隧道，浅埋地铁隧道，海底隧道等）正在建设，隧道开挖面呈现出“节理裂隙发育”“断层破碎带”“软硬不均”等特点，为光面爆破技术带来了新的挑战。该类地质条件下，隧道全长范围内围岩地质情况难以摸清，且地应力、断层破碎带分布极其复杂，因此，隧道循环爆破开挖极易造成围岩大超挖，进而诱发围岩失稳、塌方等工程灾害，如图1.1（a）~（c）所示。进而造成初支混凝土浪费、支护及安全施工困难，如图1.1（d）~（f）所示，以致工期延误甚至是造成人员伤亡等后果。

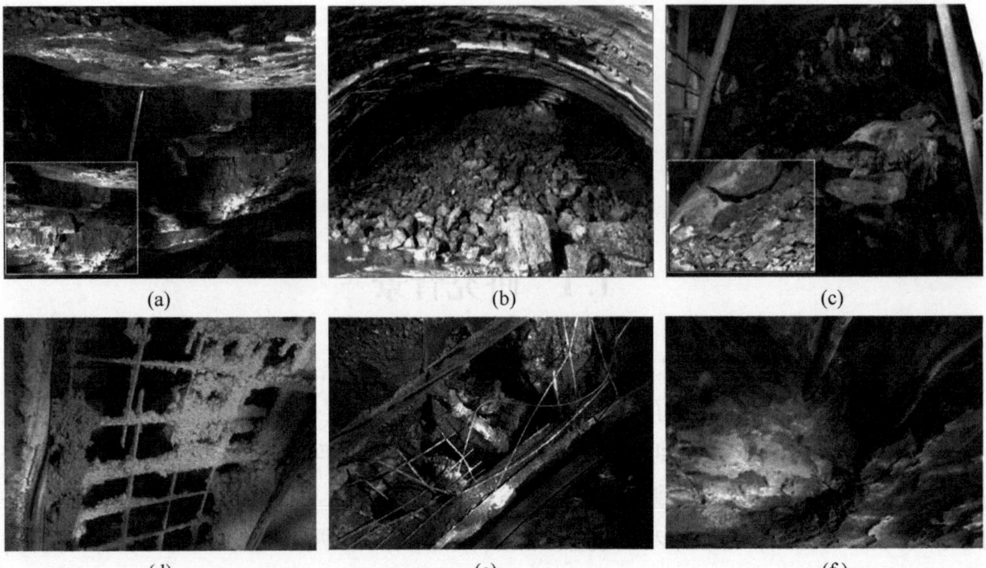

图 1.1　中国海底隧道分布图
(a) 蟠龙山隧道；(b) 桐梓隧道；(c) 新二郎山隧道；(d) 大超挖，喷混超耗；
(e) 初期支护困难；(f) 超前小导管支护困难

1.2　研究意义

采用钻爆法修建的隧道，炮孔与装药参数的设计直接关系到围岩的稳定性、爆破效果以及施工安全，为此，隧道爆破开挖以光面爆破控制技术为主。光面爆破是一种通过控制爆破参数来实现隧道开挖面平整、减少围岩扰动的技术，光面爆破的设计与施工是隧道工程中的重要环节，其科学性和合理性直接关系到隧道的施工安全、工程质量以及整体经济效益。

20 世纪 50 年代，光面爆破技术起源于瑞典，其钻爆开挖的原理是将隧道炮孔分为掏槽孔、辅助孔、底板孔和周边孔，周边孔沿设计开挖轮廓线布置；起爆顺序为掏槽孔最先起爆，将岩石破碎抛掷以产生新的自由面，然后为辅助孔起爆，形成大体积爆破漏斗，最后周边孔起爆，形成光滑轮廓线。大量研究表明影响隧道光面爆破效果的主要参数为炮孔参数和装药参数。而对于大断面隧道，由于炮孔数量多为数百个，相关炮孔参数（炮孔数量、炮孔间距、光爆层厚度等）设置是否合理直接影响爆后超欠挖量和块石大小等。此外，受围岩地质条件复杂多变的影响，隧道爆破技术人员多依据工程经验和工程类比等方法设置炮孔参数，不同隧道断面形式和大小其炮孔参数存在炮孔数量和炮孔间距的变化，而炮孔参数的准确获取与记录是后续分析爆后开挖效果和进行爆破参数优化的第一步工作，通过数据积累和挖掘可为类似工程的爆破设计提供科学依据。因此，有必要开展隧道现场炮孔参数真实、准确和高效获取方法的研究。

天然岩体是由完整岩石和节理、裂隙等构成的地质体，在工程地质中，对于具有一组近似平行主导结构面的岩体称为层状岩体。自然界中层状岩体分布广泛，约占陆地面积的66.7%，在我国更是达到77.3%。当隧道穿越节理裂隙岩体时，一方面节理岩体的离散、不连续性和层理构造的弱结合等特征，爆炸应力波传播至结构面处“泄出”，导致爆炸能量出现不均匀分布和急剧衰减；另一方面，若光面爆破炮孔参数和装药参数的设计对节理岩体地质条件认识不足，爆炸能量传播的不均匀性必然引起爆后爆破块度大、超欠挖等现象。而现阶段，同时考虑地质条件和爆破荷载作用的复杂性，隧道炮孔总数量、分布、总装药量、最大单孔装药量、炮孔装药结构及装药不耦合系数等光面爆破参数优选问题，尚未形成系统的理论。

本书首先基于深度学习计算机视觉检测方法，综合考虑地质条件、施工因素、采集方法和标签分类等因素构建了隧道炮孔图像数据集，提出了适用于隧道炮孔目标检测的改进 Faster R-CNN 方法。然后，综合运用理论分析和现场试验等方法，提出了节理岩体隧道开挖断面不同部位的成型机理和光面爆破参数优化方法。最后，采用深层进化神经元算法，建立了炮孔参数和装药参数的智能优选模型。研究成果为隧道炮孔参数的快速、准确和高效获取提供了一种可行的方法，为节理岩体隧道光面爆破参数设计和优化提供了一定的理论和技术支持，对控制节理岩体隧道断面超欠挖、维护围岩稳定，具有重大的科学意义和工程价值。

1.3　国内外研究现状

1.3.1　基于深度学习方法的隧道图像识别方面

2006 年，Hinton 首先提出了深度学习的概念，深度学习是一种多层特征学习方法，它借助于深度神经网络，综合应用底层特征和高层特征学习数据的特征表示，从海量数据中获得规律。随着计算机多核 CPU 及 GPU 等新型计算技术的不断发展和 Relu、Dropout 等深度学习方法的不断成熟，2012 年，Alex Krizhevsky 提出卷积神经网络 AlexNet，并使用深度学习的方法获得了 ImageNet LSVRC-2012 图像分类和目标检测项目的冠军，自此彻底引爆深度学习的研究热度。

由于图像数据获取简单、精度高且易于保存，目前，基于深度学习方法的计算机视觉检测方法广泛用于隧道病害检测（衬砌裂缝、渗漏水和螺栓腐蚀等）、围岩节理裂隙等检测和隧道内车辆目标检测。黄宏伟、李建超、薛亚东等采用深度学习的方法，通过建立隧道衬砌结构病害样本库，利用深度卷积神经网络模型，成功完成了衬砌裂缝和渗漏水病害的检测任务。在这些研究中，同时还考虑了管线、管线拼缝、支架和螺栓等干扰物的影响，训练获取的网络模型具有较好的鲁棒性和可扩展性。Protopapadakis、Yang 等基于深度卷积神经网络模型，对光照条件差、高速采集的隧道衬砌图像进行裂缝识别，其算法在验证集图像中获得了较高的准确率和召回率。柳厚祥等使用 Alexnet 网络模型，采用边缘检测、中值滤波和岩土体裂隙形态参数分析等方法获得了隧道围岩掌子面图像的节理裂隙识别、定位和统计数据，并最终用于公路隧道围岩分级。周立学和马成前提出了基于背景差分法和卷积神经网络（Convolutional Neural Network，CNN）的隧道内目标检测算法，可实现监控视频图像中车辆和人等目标的实时、高精度识别与定位。Huang 等基于背景差分和深度信念网络实现了隧道内车辆的准确检测，检测准确率为 96.59%。

以上的研究成果主要集中在隧道衬砌混凝土裂缝、渗漏水等病害检测方面和隧道内车辆、人员等目标快速识别方面，目前尚未涉及隧道掌子面炮孔图像的炮孔目标检测方法研究。

1.3.2 节理裂隙岩体隧道光面爆破机理方面

光面爆破机理研究一直是隧道及地下工程爆破开挖的核心研究领域，随着科学试验、工程实践和理论分析的不断深入，光面爆破机制的研究逐渐发展为三种观点，即爆炸应力波叠加场理论、爆生气体准静态场理论和爆炸应力波与爆生气体共同作用理论。当前，普遍的观点：爆破破岩是两者共同作用的结果，且研究岩石爆破机理时，还需考虑两者对岩石爆破的贡献程度以及时间、空间等关系。

爆炸应力波叠加场理论：该理论最初由美国学者提出，即相邻炮孔同时爆炸时，爆炸应力波由炮孔向四周传播，在岩体内部发生叠加，相邻炮孔连心线中点位置最先产生拉应力，当该拉应力大于岩体动态抗拉强度时，导致两炮孔内的岩体产生贯穿裂缝。爆炸应力波在岩体中的传播以弹性波理论为起点，至 20 世纪 50 年代，Duvall 提出反射波理论后，弹性波理论开始应用于岩体动力分析领域。之后，Karman、Rice 等提出了一维塑性波理论，对塑性波的产生及在岩体中的传播开展研究。进一步地，Malvern、Perzyna 等基于塑性波理论，提出了粘塑性波理论。Persson 等通过岩石爆破试验，研究了装药爆炸时冲击波的产生和初始破碎机理。Dally 等通过分析炮孔之间爆炸应力场的变化，验证了爆炸应力波促使炮孔间裂缝的形成机理。崔新壮等通过研究一维应力波在 Hopkinson 压杆之间试件内的衰减及反射、折射规律，提出了应力波在岩体中的损伤衰减公式，并从理论上扩展得到了柱面与球面爆炸应力波的衰减公式。胡刚等以平面波发生器为加载源作用于岩石长杆，推导得出了爆炸应力波作用下岩石的应变历程曲线，研究了岩石介质的爆炸应力波传播规律。王伟等通过开展室外爆破试验，研究并提出了水介质中不同不耦合装药系数的爆炸应力波峰值随距离传播的指数衰减规律。褚怀保等综合运用理论分析、室内试验和数值模拟等手段，研究了煤岩体中爆炸应力波的传播及衰减规律，并提出爆炸应力波包含两段波形作用形式。张玉柱、卢文波等采用应力强度因子理论，研究了爆炸应力波随时间、空间的变化规律，并按时间顺序，分析了炮孔近区和较远区爆炸应力波导致的岩石开裂机理。梁瑞通过建立非同源球状药包爆炸应力波物理模型，研究了爆炸应力波叠加过程中的应力状态和传播规律，依据应力函数获得了应力波叠加的破岩角范围。

爆生气体准静态场理论：该理论认为炸药爆炸后产生大量的高温、高压气体，这些爆生气体对炮孔周围岩体施加准静压作用，导致岩体内部裂隙发生起裂、扩展、止裂过程，最终导致岩石破碎、抛掷。20 世纪 70 年代初，Kutter 和 Hurst 将岩石内爆生气体的作用表述为“准静压力场”。Henrych 等研究指出高温、高压爆生气体的膨胀推力作用，致使岩体内部裂缝开裂、贯通，导致岩石的破坏。Hagan 将岩体内部爆生气体的准静态作用称为“气楔作用”。凌伟明、杨永琦等应用有限单元法分析了爆生气体准静态压力作用下炮孔周边径向裂纹的扩展规律。陈士海等应用损伤力学和断裂力学理论，研究了爆生气体膨胀压力与炮孔周围岩体内裂纹扩展长度及损伤场的影响关系。赵新涛等研究了不同装药结构下爆生气体初始压力及气体压力与堵塞物位移变化的关系，并采用 BCM 模型分析了爆生气体作用下岩体内裂纹扩展机理。

爆炸应力波和爆生气体共同作用理论：该理论认为爆炸破岩作用为爆炸应力波和爆生气体的共同作用，首先由爆炸应力波压碎岩体且产生初始裂隙，然后爆生气体膨胀楔入裂隙中，在准静压力作用下使裂隙扩展、延伸至贯通，最终导致岩石破坏。Wilson 通过理论分析和实验等方法，研究了台阶爆破中爆炸应力波和爆生气体共同作用机理。张继春等应用岩体动力学原理，从岩体的动力破碎角度，提出了爆炸冲击波、应力波和爆生气体作用的岩体破碎范围计算公式。王家来等提出了爆炸应变波作用下岩体损伤断裂计算模型，综合分析了爆炸应变波的动作用和爆生气体的准静压作用对岩体内爆生裂纹产生和发展的全过程，揭示了岩体损伤破坏的力学本质。费鸿禄考虑空气不耦合装药，提出了应力波动作用和爆生气体准静态作用下裂隙区半径计算公式。杨仁树等采用室内试验和数值模拟的方法，继续探索了爆炸应力波和爆生气体的破岩机制，指出爆炸应力波和爆生气体分别是岩体粉碎区和裂隙区产生的主要动力，且爆生气体兼有准静态作用和动态作用。

考虑层理、节理等软弱面爆破荷载作用：国外学者最先采用位移不连续模型研究爆炸应力波在节理面处的传播规律。Goodman 以有限元分析为基础，提出采用法向刚度、切向刚度和剪切强度为参数进行岩体节理力学性质的表达。Pyrak-Nolte 等考虑入射波的任意角度，推导出不同密度和弹性性质的应力波透反射系数。Gu 等考虑两个弹性半空间之间的位移-不连续边界条件，推导了裂缝上透射和反射系数的封闭式表达方程。进入 21 世纪，Cai、Zhao 等采用理论研究和数值模拟，研究了 P 波在多组平行节理中的传播和衰减规律，同时考虑节理的线性和非线变形变形性质，提出应力波透射系数的大小是入射波振幅、裂缝间距和裂缝数量的函数。Li 等基于时域递归方法，研究了瞬变波穿越岩体多条平行节理的传播方程。Chai 等考虑岩体中真实节理分布的复杂性，研究了应力波在两个非平行节理岩体中传播的规律，结合数值模拟方法，进一步研究了节理刚度、倾角和应力波入射频率等参数的影响。在国内，张奇从理论上推导了应力波垂直入射节理时，节理间距及充填介质对应力波传播的影响；同时从理论上分析了岩体节理面与断裂面夹角对光面爆破效果的影响规律。敖聪利采用平面弹性波理论，分析了应力波斜入射节理和纵波入射多条平行节理时的传播影响。王明洋、钱七虎应用理论分析和数值模拟的方法，研究了应力波传播至节理时，入射角和节理条数变化对其衰减规律的影响。李夕兵引入岩体节理面的边界条件，提出了应力波斜入射到能滑动但有摩擦的节理面时其透射和反射的表达式。张继春考虑岩体尺寸效应，应用连续介质损伤理论和爆破块度随机分形模型，提出了“岩体破裂比率”和岩体爆破块度的损伤力学模型（BDM）。赵坚、王鲁明等采用离散元法模拟了爆炸应力波单一和多个节理中的传播规律。刘婷婷采用离散元法研究了节理介质充填厚度、节理间距和节理数量对应力波传播的影响，提出了应用等效介质模型分析应力波穿越多组充填节理岩体的衰减规律。李新平通过理论推导和模型试验研究，推导出了不同大小和分布地应力下柱面应力波在节理岩体中的传播方程，表明柱面应力波穿越节理的透射系数与节理角度、围压及侧压力系数有关。

以上研究成果，诸多学者多考虑层理倾角、倾向、组数、结构面力学性质（法向、切向刚度及黏结强度等）等对爆炸应力波和爆生气体传播衰减规律的影响，进而对围岩体损伤破坏的影响。但针对水平层状岩体隧道，隧道拱顶、拱肩和拱腰等具体部位成形机理的差异尚缺乏系统性研究。

1.3.3 节理裂隙岩体隧道光面爆破超欠挖方面

岩质隧道开挖过程中超欠挖现象普遍存在，对于节理裂隙等发育的岩体，超挖现象尤为常见。隧道超欠挖不仅会增加施工成本，而且会引起围岩局部应力集中，进而影响围岩整体稳定性。Abel Jr 研究提出了定性评价隧道超欠挖现象的方法；Martna 研究了隧道因围岩压力产生塌落块体，以致产生超欠挖的机理。Jaeger 和 Cook 节理岩体中通常包含不同方向的若干节理组，致使岩体破碎成块状结构。Prudencio、Jan 和 Zhang 等节理岩体隧道开挖完成后，拱顶破坏主要是由于不稳定块体坠落造成超挖而引起。吴继敏等应用数理统计理论评价构成地下洞室不稳定楔形体的模型，推导出岩体中洞室超挖-不稳定楔形体预测的一般公式。

赵会兵基于建立的Ⅲ、Ⅳ、Ⅴ类围岩超欠挖样本数据，通过数理统计分析得出了各类围岩下隧道超欠挖的分布规律。孙少锐等考虑岩石的破裂机理，采用分形理论，研究节理岩体隧洞开挖周边的分数维，建立了超欠挖与广义分行维的关系。黄金旺研究指出节理、软弱夹层的存在使光面爆破抵抗线以及岩石裂纹扩展方向发生变化，从而产生隧道超欠挖。张鹏等根据隧道断面超欠挖的统计自相似性，引入小波分析的多分辨率特性，提出了隧道超欠挖分形维数的小波分析估算方法。冯海暴等首先分析影响隧道超欠挖的因素，然后从装药量和钻孔精度提出了控制隧道超欠挖的有效措施。耿晓杰等基于工程实测资料及数值试验，研究了围岩质量与隧道超欠挖的关系，建立了围岩质量、超挖比和断面轮廓分形维数间的复相关关系。

1.3.4 岩体隧道光面爆破参数优化研究方面

国内外学者多以光面爆破理论为依据，采用室内及现场试验、数值模拟和人工智能等方法优化光面爆破参数，以实现不同岩层地质条件下隧道的光面轮廓。Zare 和 Bruland 探讨了两种爆破设计模型：NTNU 模型和 Swedish 模型，并指出了两种模型中光面爆破参数的设计方法。Ryu 等基于隧道现场爆破试验，从爆破岩体破碎程度、开挖速度和超挖等方面对爆后效果进行了评价，对此提出了相应的公路隧道的爆破方案。Mandal 等首先阐释了岩体不连续性和设计参数对光面爆破的影响，然后从考虑岩体介质和爆炸应力波衰减特性角度，提出了光面爆破方案设计的数学模型。Salum 等从控制岩石损伤和爆破震动角度，进行隧道周边孔装药试验，并提出了相应的控制超挖的装药方案和爆破方式。张振刚等提出通过理论分析和现场试验，参考实际岩层地质条件，根据实际爆破效果来优化光面爆破参数。杨峰等首先分析了层理、节理及软弱夹层对爆炸应力波和爆生气体的影响规律，然后从减小炮孔间距和装药量方面提出动态优化光面爆破参数的方法。何英伟等针对水平层状岩体隧道，从提高钻孔精度、控制装药参数、规范装药结构和加强施工管理 4 个方面提出了优化和控制光面爆破的方法。许红涛等采用遗传算法，以矿山爆破参数优化数学模型为例，对矿山爆破参数进行优化。肖清华等为克服隧道爆破参数选取受人为因素干扰，基于 BP 神经网络模型，考虑地质参数、断面大小、开挖进尺等建立了光面爆破参数的智能优化模型。禹春晖等以隧道爆破开挖成本为目标函数，采用粒子群优化算法，基于钟汉荣爆破数学模型，建立了隧道爆破参数优化的数学模型。方昱、刘开云等基于隧道现场爆破试验测试数据，采用遗传算法、支持向量回归算法、BP 神经网络和粒子群算法等方法，建立了山岭隧道围岩条件、光爆参数和爆后隧道稳定性与围岩松动圈深度之间的非线性智能模型，并通过现场试验验证了光面爆破参数的适用性。

目前对于层状岩体隧道光面爆破参数优化的研究已经非常广泛，但是针对隧道断面不同部位成型机理差异，分别进行光面爆破参数优化的研究成果较少。同时，目前采用的人工智能优化方法，其数据样本较少，建立的光面爆破参数优化模型适用性和可扩展性较差。

参考文献

[1]《中国公路学报》编辑部．中国隧道工程学术研究综述·2015［J］．中国公路学报，2015，28（5）：1-65.

[2] 洪开荣．我国隧道及地下工程近两年的发展与展望［J］．隧道建设，2017，37（2）：123-134.

[3] 洪开荣．近2年我国隧道及地下工程发展与思考（2017—2018年）［J］．隧道建设（中英文），2019，39（5）：710-723.

[4] 王梦恕．中国隧道及地下工程修建技术［M］．北京：人民交通出版社，2010.

[5] Mandal S K，Singh M M. Evaluating extent and causes of overbreak in tunnels［J］．Tunnelling and Underground Space Technology，2009，24（1）：22-36.

[6] Zhang X. The design and construction of small-clear-distance tunnel［J］．Science Technology and Engineering，2010.

[7] Chakraborty A K，Jethwa J L. Tunnel blasting techniques in difficult ground conditions［J］．Geotechnical & Geological Engineering，1994，12（4）：219-239.

[8] Mandal S K，Singh M M，Dasgupta S. Theoretical concept to understand plan and design smooth blastingpattern［J］．Geotechnical and Geological Engineering，2008，26（4）：399-416.

[9] 付玉华，李夕兵，董陇军．损伤条件下深部岩体巷道光面爆破参数研究［J］．岩土力学，2010，31（5）：1420-1426.

[10] 戴俊．深埋岩石隧洞的周边控制爆破方法与参数确定［J］．爆炸与冲击，2004（6）：493-498.

[11] Salum A H，Murthy V M S R. Optimising blast pulls and controlling blast-induced excavation damage zone in tunnelling through varied rock classes［J］．Tunnelling and Underground Space Technology，2019，85：307-318.

[12] 吴渤．层状岩体隧道围岩扰动区演化与锚固机理研究［D］．武汉：中国地质大学，2016.

[13] 董千．不同地应力下节理岩体中爆炸应力波传播与衰减规律研究［D］．武汉：武汉理工大学，2018.

[14] Hinton G E，Salakhutdinov R R. Reducing the dimensionality of data with neural networks［J］．Science，2006，313（5786）：504-507.

[15] Krizhevsky A，Sutskever I，Hinton G. ImageNet classification with deep convolutional neural networks［C］// Advances in Neural Information Processing Systems，2012：1097-1105.

[16] Hinton G E. Deep belief networks［J］．Scholarpedia，2009，4（6）：5947.

[17] Goodfellow I，Pouget-Abadie J，Mirza M，et al. Generative adversarial nets［C］// Advances in Neural Information Processing Systems，2014：2672-2680.

[18] 黄宏伟，李庆桐．基于深度学习的盾构隧道渗漏水病害图像识别［J］．岩石力学与工程学报，2017，36（12）：2861-2871.

[19] Huang H W，Li Q T，Zhang D M. Deep learning based image recognition for crack and leakage defects of metro shield tunnel［J］. Tunnelling and Underground Space Technology，2018，77：166-176.

[20] 李健超，张翠兵，柴雪松，等．基于图像识别技术的隧道衬砌裂缝检测系统研究［J］．铁道建筑，2018，58（1）：20-24.

[21] 薛亚东，李宜城．基于深度学习的盾构隧道衬砌病害识别方法［J］．湖南大学学报（自然科学版），2018，45（3）：100-109.

[22] Protopapadakis E，Voulodimos A，Doulamis A，et al. Automatic crack detection for tunnel inspection using deep learning and heuristic image post-processing［J］. Applied Intelligence，2019，49（7）：2793-2806.

[23] Yang M，Song Q，Xin X，et al. Recognition of tunnel cracks based on deep convolutional neural network classifier［C］// International Conference of Pioneering Computer Scientists，Engineers and Educators. Springer，Singapore，2018：666-678.

[24] 柳厚祥，李汪石，查焕奕，等．基于深度学习技术的公路隧道围岩分级方法［J］．岩土工程学报，2018，40（10）：1809-1817.

[25] 刘春，王宝军，施斌，等．基于数字图像识别的岩土体裂隙形态参数分析方法［J］．岩土工程学报，2008（9）：1383-1388.

[26] 周立学．基于卷积神经网络的隧道目标检测算法研究［D］．武汉：武汉理工大学，2018.

[27] 周立学，马成前．关于公路隧道内目标图像实时检测仿真［J］．计算机仿真，2019，36（1）：192-196.

[28] Huang B J，Hsieh J W，Tsai C M. Vehicle detection in hsuehshan tunnel using background subtraction and deep belief network［C］// Asian Conference on Intelligent Information and Database Systems. Springer，Cham，2017.

[29] 张云鹏．爆破工程［M］．北京：冶金工业出版社，2011.

[30] 刘殿书，李胜林．爆破工程［M］．北京：科学出版社，2011.

[31] Duvall W I. Strain-wave shapes in rock near explosions［J］. Geophysics，1953，18（2）：310-323.

[32] Karman T V，Duwez P. The propagation of plastic deformation in solids［J］. Journal of Applied Physics，1950，21（10）：987-994.

[33] Rice M H，Mcqueen R G，Walsh J M. Compression of solids by strong shock waves［J］. Solid State Physics，1958，6：1-63.

[34] Malvern L E. The propagation of longitudinal waves of plastic deformation in a bar of material exhibiting a strain-rate effect［J］. Journal of Applied Mechanics-Transactions of the ASME，1951，18（2）：203-208.

[35] Perzyna P. The constitutive equations for rate sensitive plastic materials［J］. Quarterly of Applied Mathematics，1963，20（4）：321-332.

[36] Persson P, Lundborg N, Johannsson C. The basic mechanisms in rock blasting [J]. International Society of Rock Mechanics Proceedings, 1970.
[37] Dally J W, Fourney W L, Peterson A L. Dynamic photoelastic evaluation of some current practices in smooth wall blasting: Min Engng, V30, N2, Feb 1978, P184-189 [J]. International Journal of Rock Mechanics and Mining Sciences & Geomechanics Abstracts, 1978, 15 (3): 65.
[38] 崔新壮，李卫民，段祝平，等．爆炸应力波在各向同性损伤岩石中的衰减规律研究[J]．爆炸与冲击，2001 (1): 76-80.
[39] 胡刚，郝传波，景海河．爆炸作用下岩石介质应力波传播规律研究 [J]．煤炭学报，2001 (3): 270-273.
[40] 王伟，李小春．不耦合装药下爆炸应力波传播规律的试验研究 [J]．岩土力学，2010, 31 (6): 1723-1728.
[41] 褚怀保，杨小林，梁为民，等．煤体爆破作用机理模拟试验研究 [J]．煤炭学报，2011, 36 (9): 1451-1456.
[42] 褚怀保，杨小林，侯爱军，等．煤体中爆炸应力波传播与衰减规律模拟实验研究 [J]．爆炸与冲击，2012, 32 (2): 185-189.
[43] 张玉柱，卢文波，陈明，等．爆炸应力波驱动的岩石开裂机制 [J]．岩石力学与工程学报，2014, 33 (S1): 3144-3149.
[44] 梁瑞，朱冕，周文海，等．球状药包应力波叠加过程的破岩特性 [J]．长江科学院院报，2020, 37 (4): 67-72, 78.
[45] Kutter H K, Fairhurst C. On the fracture process in blasting [J]. International Journal of Rock Mechanics & Mining Sciences & Geomechanics Abstracts, 1971, 8 (3): 181-202.
[46] Moszynski, Jerzy R. The dynamics of explosion and its use [J]. Nuclear Technology, 1983, 60 (1): 167.
[47] Hagan T N. Rock breakage by explosives [J]. Acta Astronautica, 1979, 6 (3/4): 329-340.
[48] 凌伟明．光面爆破和预裂爆破破裂机理的研究 [J]．中国矿业大学学报，1990 (4): 82-90.
[49] 凌伟明，杨永琦．爆生气体在光面爆破中的作用 [J]．煤炭学报，1990 (1): 73-82.
[50] 陈士海，薛华培，吕国仁．光面爆破岩体损伤和开裂面形态分析 [J]．解放军理工大学学报（自然科学版），2002 (4): 66-69.
[51] 赵新涛，刘东燕，程贵海，等．爆生气体作用机理及岩体裂纹扩展分析 [J]．重庆大学学报，2011, 34 (6): 75-80.
[52] Wilson W H. An experimental and theoretical analysis of stress wave and gas pressure effects in bench blasting [D]. Ph. D. Dissertation, University of Maryland, 1987.
[53] 高金石，张继春．爆破破岩机理动力分析 [J]．金属矿山，1989 (9): 6-12.
[54] 王家来，徐颖．应变波对岩体的损伤作用和爆生裂纹传播 [J]．爆炸与冲击，1995 (3): 212-216.
[55] 费鸿禄，洪陈超．应力波和爆生气体共同作用下裂隙区范围研究 [J]．爆破，2017, 34 (1): 33-36, 107.

[56] 杨仁树，丁晨曦，王雁冰，等．爆炸应力波与爆生气体对被爆介质作用效应研究［J］．岩石力学与工程学报，2016，35（S2）：3501-3506.

[57] Mindlin R D. Waves and vibrations in isotropic，elastic plates［M］．In：Goodier JN，Hoff NJ (eds) Structural mechanics. Pergamon，New York，1960：199-232.

[58] Schoenberg M. Elastic wave behavior across linear slip interfaces［J］．Journal of the Acoustical Society of America，1980，68（5）：1516-1521.

[59] Goodman R E，Taylor R L，Brekke T L. A model for the mechanics of jointed rock［J］．Journal of Soil Mechanics & Foundations Div，1968，94：637-660.

[60] Pyrak-Nolte L J，Myer L R，Cook N G W. Transmission of seismic waves across single natural fractures［J］．Journal of Geophysical Research，1990，85：8617-8638.

[61] Gu B，Suárez-Rivera R，Nihei K T，et al. Incidence of plane waves upon a fracture［J］．Journal of Geophysical Research：Solid Earth，1996，101（B11）：25337-25346.

[62] Cai J G，Zhao J. Effects of multiple parallel fractures on apparent attenuation of stress waves in rock masses［J］．International Journal of Rock Mechanics and Mining Sciences，2000，37（4）：661-682.

[63] Zhao X B，Zhao J，Cai J G. P-wave transmission across fractures with nonlinear deformational behaviour［J］．2006，30（11）：1097-1112.

[64] Li J C，Li H B，Ma G W，et al. A time-domain recursive method to analyse transient wave propagation across rock joints［J］．Geophysical Journal International，2012，188（2）：631-644.

[65] Chai S B，Li J C，Zhang Q B，et al. Stress wave propagation across a rock mass with two non-parallel joints［J］．Rock Mechanics and Rock Engineering，2016，49（10）：4023-4032.

[66] 张奇．应力波在节理处的传递过程［J］．岩土工程学报，1986（6）：99-105.

[67] 张奇．层状岩体光面爆破效果的理论分析［J］．爆炸与冲击，1988（1）：60-66.

[68] 敖聪利，尚嘉兰．应力波遇裂隙的反射和透射［J］．爆破，1989（1）：19-23.

[69] 王明洋，钱七虎．爆炸应力波通过节理裂隙带的衰减规律［J］．岩土工程学报，1995（2）：42-46.

[70] 李夕兵．论岩体软弱结构面对应力波传播的影响［J］．爆炸与冲击，1993（4）：334-342.

[71] 张继春．节理岩体爆破的损伤机理及其块度模型［J］．中国有色金属学报，1999（3）：666-671.

[72] 赵坚，陈寿根，蔡军刚，等．用 UDEC 模拟爆炸波在节理岩体中的传播［J］．中国矿业大学学报，2002（2）：4-8.

[73] 王鲁明，赵坚，华安增，等．节理岩体中应力波传播规律研究的进展［J］．岩土力学，2003（S2）：602-605，610.

[74] 刘婷婷，李新平，李海波，等．应力波在充填节理岩体中传播规律的数值研究［J］．岩石力学与工程学报，2016，35（S2）：3552-3560.

[75] 李新平，董千，刘婷婷，等．不同地应力下爆炸应力波在节理岩体中传播规律模型试验研究［J］．岩石力学与工程学报，2016，35（11）：2188-2196.

[76] 李新平，董千，刘婷婷，等. 地应力下柱面应力波在节理岩体中传播规律研究 [J]. 岩石力学与工程学报，2018，37（S1）：3121-3131.
[77] Ibarra J A，Maerz N H，Franklin J A. Overbreak and underbreak in underground openings part 2：causes and implications [J]. Geotechnical & Geological Engineering，1996，14（4）：325-340.
[78] 王明年，关宝树. 隧道超挖对围岩内应力状态的影响 [J]. 铁道学报，1997（2）：87-91.
[79] Abel Jr J F. Average percentage of overbreak beyond payment line [J]. MN-461 Course Notes，Colorado School of Mines，Golden，Colo，USA，1982.
[80] Martna J. Selective overbreak in the suorva-vietas tunnel caused by rock pressure [C] //Proceeding of the International Symposium on Underground Openings，Lucerne，Switzerland，1972：141-145.
[81] Jaeger J C，Cook N. Fundamentals of rock mechanics. third edition [J]. Science Paperbacks，1979，9（3）：251-252.
[82] Prudencio M，Jan M V S. Strength and failure modes of rock mass models with non-persistent joints [J]. International Journal of Rock Mechanics and Mining Sciences，2007，44（6）：890-902.
[83] Zhang Z X，Xu Y，Kulatilake P H S W，et al. Physical model test and numerical analysis on the behavior of stratified rock masses during underground excavation [J]. International Journal of Rock Mechanics and Mining Sciences，2012，49：134-147.
[84] 吴继敏. 节理岩体中地下洞室超挖预测 [J]. 工程地质学报，1999，7（1）：3-8.
[85] 赵会兵. 钻爆法施工隧道的超欠挖概率统计规律研究 [J]. 铁道工程学报，1999（3）：105-110.
[86] 孙少锐，吴继敏，魏继红. 隧洞超挖问题中的广义分数维研究 [J]. 岩石力学与工程学报，2005（24）：4478-4483.
[87] 黄金旺. 近水平红砂岩隧道钻爆法施工超欠挖控制技术研究 [D]. 长沙：中南大学，2010.
[88] 张鹏，陈剑平，赵安平，等. 隧道围岩断面轮廓分维数的小波分析算法及应用 [J]. 工程地质学报，2011，19（5）：669-673.
[89] 冯海暴，蒋万德，曲俐俐，等. 九瑞高速岩质隧道钻爆法施工超欠挖控制措施及成本分析 [J]. 隧道建设，2012，32（6）：887-891.
[90] 耿晓杰，吴顺川，高永涛，等. 基于多因素评价的隧道围岩质量与超欠挖关系 [J]. 岩土力学，2014，35（11）：3240-3246.
[91] Zare S，Bruland A. Comparison of tunnel blast design models [J]. Tunnelling and Underground Space Technology，2006，21（5）：533-541.
[92] Ryu C H，Sunwoo C，Lee S D，et al. Suggestions of rock classification methods for blast design and application to tunnel blasting [J]. Tunnelling and Underground Space Technology，2006，21（3）：401-402.
[93] Mandal S K，Singh M M，Dasgupta S. Theoretical concept to understand plan and design

smooth blasting pattern [J]. Geotechnical and Geological Engineering, 2008, 26 (4): 399-416.

[94] Amiri, Hamis, Salum, et al. Optimising blast pulls and controlling blast-induced excavation damage zone in tunnelling through varied rock classes [J]. Tunnelling and Underground Space Technology, 2019, 85: 307-318.

[95] 张振刚，张鸿儒，张昀青，等．层状围岩隧道施工爆破与锚固研究［J］．中国公路学报，2003，16（2）：75-78.

[96] 杨峰，陈咏泉，王新明，等．水平层状围岩隧道光面爆破效果分析［J］．地下空间与工程学报，2005，1（6）：956-959.

[97] 何英伟，周中，张运良，等．水平层状围岩隧道超欠挖控制技术研究［J］．公路与汽运，2010（5）：199-201.

[98] 许红涛，卢文波．遗传算法在工程爆破参数优化中的应用［J］．中国工程科学，2005，7（1）：76-80.

[99] 肖清华，张继春，夏真荣．基于先验知识和BP网络的隧道爆破参数计算［J］．西南交通大学学报，2007，42（5）：537-541.

[100] 禹春辉，朱传云，瞿立新．微粒群算法在隧道爆破参数优化中的应用［J］．水利与建筑工程学报，2009，7（3）：30-32，41.

[101] 方昱，刘开云．山岭隧道钻爆法施工参数控制的优化［J］．北京交通大学学报，2015，39（1）：14-20.

[102] 方昱．山岭隧道动态设计与施工智能辅助决策系统研究［D］．北京：北京交通大学，2016.

[103] Liu K, Liu B. Optimization of smooth blasting parameters for mountain tunnel construction with specified control indices based on a GA and ISVR coupling algorithm [J]. Tunnelling & Underground Space Technology, 2017, 70: 363-374.

2 目标检测与光面爆破参数智能优化方法

2.1 目标检测概念

图像分类、目标检测及图像分割是计算机视觉领域的三大任务。图像分类是将一张图像划分为某个类别，通常对应于图像中最突出的物体，是图像识别任务的基础。若一张图像中包含多个物体，目标检测是寻找图像中所有感兴趣的目标，并对不同的目标物体分别进行定位（以标记框的形式标记其位置和大小），是图像识别最关键的任务。图像分割是把图像细分成若干个特定的、具有独特性质的区域，确定感兴趣的目标，并把属于同一区域的像素赋予相同的标签类型，是图像识别任务的重要研究方向。其中，目标检测的核心问题包括：（1）目标物体可能出现在图像的任何位置；（2）每个目标物体所属什么类别；（3）目标物体的尺寸大小不一；（4）目标物体的形状各有不同。目标检测的效果直接决定了图像语义分割、实例分割和场景分割等众多高层视觉任务的效果，也是应用于目标动态实时跟踪定位的基础。

2.2 目标检测算法

目标检测算法包括 one-stage 和 two-stage 两种。前者不需要区域候选（region proposal）阶段，直接将目标边框定位的问题转化为回归问题处理，是一种基于回归得到目标边界框和类别概率的深度神经网络模型。后者将目标检测任务分为两个阶段：第一阶段，先应用候选区域生成网络或其他算法生成一系列目标候选框；第二阶段，将目标候选框输入卷积神经网络模型进行分类和位置精确定位。衡量目标检测算法优劣的主要性能指标是检测准确度和速度，一般情况下，one-stage 算法在训练和检测速度上有优势，而 two-stage 算法在检测准确度上有优势。

2.2.1 one-stage 算法

one-stage 目标检测算法（也称 one-shot object detectors），其特点是可实现神经网络单次训练特征共享，经过一次检测直接得到最终的检测结果，在保证一定准确率的前提下，检测速度更快，非常适合移动端。one-stage 算法的典型代表有 YOLO（You Only Look Once）系列算法、SSD（Single Shot Detector）系列算法和 RetinaNet 等。

2.2.1.1 YOLO 算法简介

YOLO 的核心思想在于将目标检测作为回归问题解决，YOLO 首先会把原始图片放缩到 448×448 像素尺寸；然后将图片划分成 $S\times S$（$S=7$）个单元格，之后网络输出以单元格为单位，具体如下。

（1）若一个目标的中心位于某个单元格上，那么这个单元格负责预测这个物体。

（2）每个单元格需要预测 B（$B=2$）个边界框（bounding box）的位置和置信度（confidence degree)，即每个边界框对应的 5 个输出值，分别是 x，y，w，h 和置信度。其中 x，y 代表边界框的中心偏离其所在网格单元格边界的位移；w，h 代表边界框真实宽高相对于整幅图像的比例。

（3）每个单元格需要预测物体种类 C（$C=20$）条件概率值。最后网络的输出维度为 $S\times S\times(B\times 5+C)$，再应用非极大值抑制（Non-Maximum Suppression，NMS）算法去除重叠度比较高的边界框，得到最终的目标输出框。

2.2.1.2 SSD 算法简介

2016 年 12 月北卡大学教堂山分校的 Wei Liu 等提出 SSD 算法，核心思想是将 YOLO 的回归思想和 Faster R-CNN 的锚框（anchors）机制结合。SSD 算法的主网络结构是 VGG-16，其中全连接层（fully connected layers，FC）FC6 和 FC7 转化为卷积层，且进一步增加了额外的卷积层，卷积层的尺度大小是逐层递减的。不同于 YOLO 算法，SSD 算法引入多尺度目标检测和分类方法，具体为：提取 conv4_3、conv7、conv8_2、conv9_2、conv10_2 和 conv11_2 层输出的特征图（feature map)，分别在这些感受野不同、尺度不同的 feature map 上预测物体区域，输出离散化、多尺度和多比例的 default boxes（原文中每一个点构造 6 个)，同时利用小卷积核预测一系列候选框的边框坐标补偿和每个类别的置信度。SSD 算法在保持 YOLO 算法快速特性的同时，也保证了边框定位效果和 Faster R-CNN 相近。

2.2.1.3 RetinaNet 算法简介

相关文献指出，“类别不平衡” 是 one-stage 算法在检测精度上逊于 two-stage 算法的症结所在。所谓类别不平衡指的是在图像目标检测任务中，目标物体仅有若干个，绝大部分为背景，导致网络生成不同类别的训练样例数目差别很大。对此，He Kaiming 等提出了 focal loss 函数，并将 focal loss 函数在 one-stage 目标检测网络 RetinaNet 中成功应用。

focal loss 函数是一种改进的交叉熵（Cross-Entropy，CE）损失函数，见式（2.1)：

$$FL(p_t)=-\alpha_t(1-p_t)^{\gamma}\log(p_t) \tag{2.1}$$

式中，α_t 和（$1-p_t$）$^{\gamma}$ 为加权因子。

通过在原有的 CE loss 函数上乘以加权因子，focal loss 函数大幅减小了模型中数量较多的类别所贡献的 loss 值，而数量少的类别所贡献的 loss 值几乎不变。虽然整体的 loss 值总量减小了，但是训练过程中数量少的类别拥有了更大的权重，从而成功地解决了目标检测时，由于正负样本区域极不平衡而导致的目标检测模型 loss 值被大批量背景样本所左右的问题。

RetinaNet 本质上是 ResNet+FPN+两个全卷积（FCN）子网络。其设计思路是采用 ResNet 进行特征提取（原文采用 ResNet-50 和 ResNet-101），然后应用 FPN 进行多尺度目标识别、分类和定位，最后分别使用两个结构相同但是不共享参数的 FCN 子网络完成目标框类别分类和位置精确定位。

2.2.2　two-stage 算法

two-stage 算法的典型代表是基于区域候选的 R-CNN 系列算法，如 R-CNN、Fast R-CNN、Faster R-CNN 以及 R-FCN 等。

2.2.2.1　two-stage 算法简介

R-CNN 是最先结合候选区域与卷积神经网络实现目标识别与定位的深度学习方法，该算法大幅提升了目标检测的识别精度，在 PASCAL VOC2010 数据集上将目标物体识别结果的平均精度均值（mean Average Precision，mAP）从 35.1% 提升至 53.7%。R-CNN 目标检测模型如图 2.1 所示，包括候选区域选择、特征提取、分类和边框回归定位四步。其中，候选区域选择基于选择性搜索（Selective Search）方法，从每幅图像提取约 2000 个目标；特征提取使用 AlexNet 网络，包含 5 个卷积层和 2 个全连接层，每个候选区域输入前统一变换到 227×227 像素值；每个候选区域采用支持向量机（Support Vector Machine，SVM）进行目标分类，并通过边框回归（Bounding-box Regressor）得到最终的目标位置。

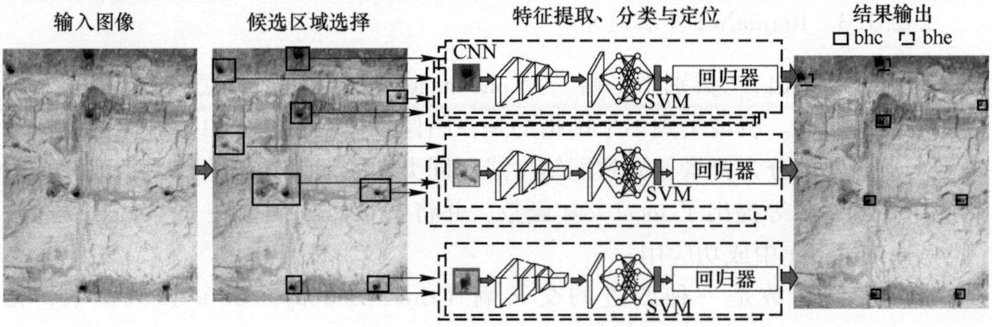

图 2.1　R-CNN 目标检测模型

值得注意的是，R-CNN 需要预先提取候选区域，再固定尺寸后通过 CNN 进行特征提取，然后通过 SVM 分类器分类及通过 Bounding-box Regressor 精确定位，其候选区域存储存在占用磁盘空间大的问题，固定尺寸存在目标几何形变的问题，每个区域候选均需 CNN 提取特征存在多次提取特征的时间花费问题，分阶段分类和定位存在计算复杂及计算耗时等缺陷。因此，为解决 CNN 输入任意大小图像的问题，Kaiming He 等借助空间金字塔池化（Spatial Pyramid Pooling, SPP）的思想提出了 SPP-net，其主要贡献是在 CNN 的卷积层和全连接层之间引入空间金字塔池化；SPP-net 的另一点贡献是将候选区域直接映射到卷积特征图上，这样每幅图像只需要提取一次特征，大大节省了计算开销。为进一步解决 R-CNN 模型训练时候选目标分类和边框定位分阶段的问题，Fast R-CNN 提出了多任务训练算法，实现了分类和边框回归的合并。

图 2.2 所示为 Fast R-CNN 目标检测模型，包括候选区域选择、特征提取、分类和边框回归定位三步。与 R-CNN 及 SPP-net 相同的是，Fast R-CNN 模型候选区域选择还是采用 Selective Search 算法。不同的是：

（1）引入 ROI Pooling 层（可以看作只有一个尺度的 SPP 层），允许任意尺寸的图像输入，且生成固定尺寸的输出；

（2）提出多任务损失函数，使用 Softmax loss 代替了 SVM，使用 SmoothL1 loss 代替 Bounding-box 回归，且将二者合并，统一了训练过程，既加快了训练速度又提高了算法准确度。

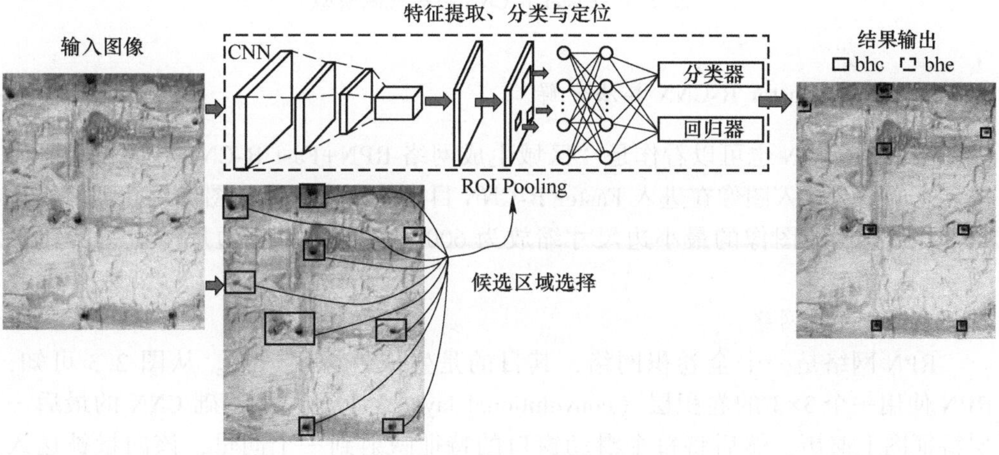

图 2.2 Fast R-CNN 目标检测模型

Fast R-CNN 模型将识别与位置标注统一到卷积神经网络的架构中，其检测速度提升明显。不足的是，区域建议网络还是基于 Selective Search 方法，整个模型训练中，该方法生成候选区域需要消耗时间约 2 s，运行效率低。因此，Ross

Girshick 等从提高区域建议速度的角度进一步提出了 Faster R-CNN，其创新点是用区域生成网络（Region Proposal Network，RPN）代替 Selective Search 方法，使得生成候选区域的时间显著减小，约 10 ms。同时，经过 RPN，从每幅图像提取的候选目标个数也由约 2000 个减少至 300 个，更进一步提升了算法检测速度。Faster R-CNN 目标检测模型如图 2.3 所示，包括基于基础 CNN 的特征提取、共享基础 CNN 的候选区域选择和分类与回归定位两步。最终，Faster R-CNN 将目标检测模块（包括候选区域生成、特征提取、目标分类、位置精确定位）统一到一个深度网络模型之中，完全实现了“端到端”的目标检测，检测准确率最好。

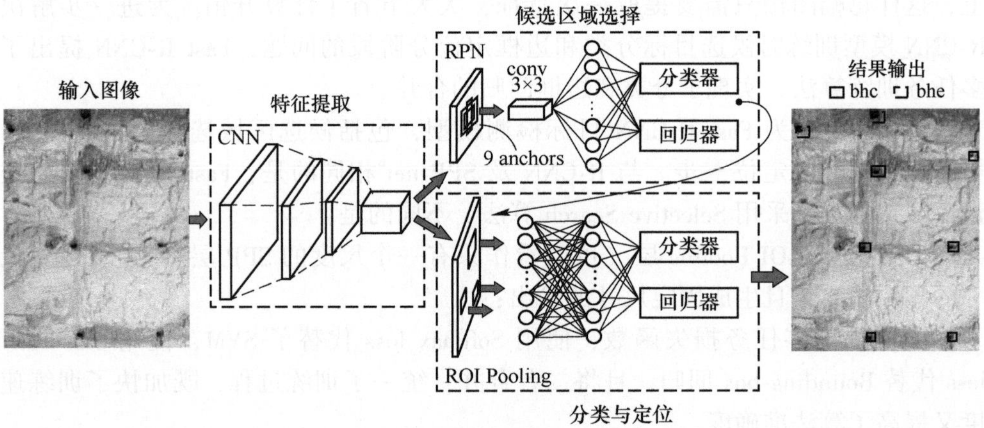

图 2.3　Faster R-CNN 目标检测模型

2.2.2.2　Faster R-CNN 算法分解

Faster R-CNN 也可以看作是“区域生成网络 RPN+Fast R-CNN”的模型。值得注意的是，输入图像在进入 Faster R-CNN 目标检测模型前，图像尺寸需要进行归一化处理，将图像的最小边尺寸缩放为 600 像素值，另一边尺寸进行等比例缩放。

A　RPN 子网络

RPN 网络是一个全卷积网络，其目的是生成目标候选框。从图 2.3 可知，RPN 使用一个 3×3 的卷积层（convolutional layers，conv）从基础 CNN 的最后一层特征图上遍历，然后将每个滑动窗口的特征映射到一个向量，该向量被送入 softmax 分类层和 regression 回归层。特征图上的每个元素对应的空间窗口进行滑动卷积时，与 k 个锚框（anchor）相关联。为适应原图上不同大小和长宽比的目标，anchor 被设置为 3 种尺度为 128×128、256×256 和 512×512，3 种比例为 1∶1、1∶2 和 2∶1，即 $k=9$。若基础 CNN 最后一层特征图的尺寸为 $W\times H$，则会生成 $W\times H\times k$ 个 anchor，此时，对应的候选框个数多为数千个至数十万个。为了筛选候选框训练 RPN，需要确定每个 anchor 与真实目标（ground truth）的重叠率（Intersection-over-Union，IOU），从而给每个 anchor 划分正、负样本和忽略的样本，其中正样本代表目标，负样本代表背景。Faster R-CNN 正样本要求：与某一个 ground truth 有最高的 IOU；或与任意一个 ground truth 的 IOU 超过 0.7。负样本要求：与任意一个 ground truth 的 IOU 小于 0.3。IOU 在 0.3 和 0.7 之间，以及跨越图像边界的 anchors 为忽略的样本，其不参与网络训练。IOU 定义见式（2.2）：

$$\mathrm{IOU} = \frac{A \cup B}{A \cap B} \tag{2.2}$$

式中 A——ground truth 标签矩形框的面积；

B——anchor 矩形框的面积。

RPN 的输出对应两个 1×1 的卷积网络，一个卷积网络对 k 个 anchor 判定是目标还是背景，进行 $2k$ 维度的卷积运算；另一个卷积网络对 k 个 anchor 进行回归修正位置（包括锚框中心位置 x，y 和宽高 W，H），进行 $4k$ 维度的卷积运算。因此，RPN 网络的目标损失函数是分类和回归损失的和，其中分类采用 softmax 函数，回归采用 smooth_{L1} 函数。RPN 网络训练中，为将目标损失函数最小化，采用小批量梯度下降（Mini-Batch Gradient Descent，MBGD）算法，MBGD 每一次迭代计算从一幅图中随机选取 256 个样本，正、负样本数量比例为 1∶1。RPN 总体损失函数见式（2.3）：

$$L(p_i,\ p_i^*,\ t_i,\ t_i^*) = \frac{1}{N_{\mathrm{cls}}}\sum_i L_{\mathrm{cls}}(p_i,\ p_i^*) + \lambda \frac{1}{N_{\mathrm{reg}}} \sum_{j \in (x,\ y,\ w,\ h)} p_i^* L_{\mathrm{reg}}(t_{i,j},\ t_{i,j}^*) \tag{2.3}$$

式中 i——小批量 anchors 中第 i 个索引；

p_i——第 i 个 anchor 为目标的预测概率，p_i^* 取值为 1 或 0，为第 i 个 anchor 为正或负样本；

$t_{i,j}$——第 i 个 anchor 预测的偏移量；

$t_{i,j}^*$——第 i 个 anchor 相对于 ground truth 的偏移量；

λ——超参数。

L_{cls} 是两种类别（目标还是背景）的对数损失，定义见式（2.4）：

$$L(p_i,\ p_i^*) = -\log[p_i p_i^* + (1 - p_i)(1 - p_i^*)],\ p_i^* = 1 \text{ 或 } 0 \tag{2.4}$$

L_{reg} 是 anchor 的回归损失，定义见式（2.5）：

$$L(t_i,\ t_i^*) = R(t_i - t_i^*) \tag{2.5}$$

式中，R 是 smooth_{L1} 函数。定义见式（2.6）：

$$L(t_i,\ t_i^*) = \begin{cases} 0.5x^2, & |x| < 1 \\ |x| - 0.5, & |x| \geqslant 1 \end{cases} \tag{2.6}$$

式中，$x=t_i-t_i^*$。t_i 和 t_i^* 的定义见式（2.7）：

$$\begin{bmatrix} t_{i,x}, & t_{i,y} \\ t_{i,w}, & t_{i,h} \\ t_{i,x}^*, & t_{i,y}^* \\ t_{i,w}^*, & t_{i,h}^* \end{bmatrix} = \begin{bmatrix} (x_i - x_{i,a})/w_{i,a}, & (y_i - y_{i,a})/h_{i,a} \\ \log(w_i/w_{i,a}), & \log(h_i/h_{i,a}) \\ (x^* - x_{i,a})/w_{i,a}, & (y^* - y_{i,a})/h_{i,a} \\ \log(w^*/w_{i,a}), & \log(h^*/h_{i,a}) \end{bmatrix} \tag{2.7}$$

式中　(x_i, y_i)，$(x_{i,a}, y_{i,a})$，(x^*, y^*) ——第 i 个 anchor 的预测框、第 i 个 anchor 和与第 i 个 anchor 有最大 IOU 的真实标签框的中心点坐标；

(w_i, h_i)，$(w_{i,a}, h_{i,a})$，(w^*, h^*) ——以上预测框、anchor 和标签框的宽度和高度。

对任意一个 anchor，由式（2.3）可知，只有该 anchor 为正样本时，L_{cls} 和 L_{reg} 才会分别计算该 anchor 的分类损失和回归损失；当该 anchor 为负样本时，仅有 L_{cls} 分类损失起作用。

B　非极大值抑制算法（NMS）

经过 RPN 训练收敛后，得到每个目标的候选框，可以确定目标的大致位置。在这个过程中，$W \times H \times k$ 个 anchors 可以得到 $W \times H \times k$ 个候选框，每个目标的多个候选框均在相应 ground truth 的临近周围，因此多个候选框存在相互包含或大面积交叉的情况。若将这些候选框均输入到 Fast R-CNN 检测子网络（分类与定位子网络）进行目标精确定位，存在大量冗余计算。因此，Faster R-CNN 中采用 NMS 算法剔除部分候选框，最终仅保留 300 个候选框。NMS 算法的运算步骤如下：

第一步，将所有的候选框的分类概率由大到小进行排序，选出概率最大的候选框 $F1$；

第二步，计算其余的候选框与 $F1$ 的 IOU 值，同时设定一个阈值，剔除所有 IOU 值大于设定阈值的候选框；

第三步，从剩余的候选框中，再选择一个分类概率最大的候选框 $F2$，重复步骤二。

重复以上步骤，最终筛选出满足要求的候选框。

C　Fast R-CNN 检测子网络

从图 2.3 可知，Fast R-CNN 检测子网络的输入是 RPN 筛选所得的候选目标，经过 ROI Pooling 层，输出固定大小的小区域特征图。最后，输入到全连接层中，产生目标所属类别、概率得分和精确位置。

Fast R-CNN 的多任务损失函数定义见式（2.8）：

$$L(p, u, t^u, v) = L_{\mathrm{cls}}(p, u) + \lambda[u \geqslant 1]L_{\mathrm{loc}}(t^u, v) \tag{2.8}$$

式中　p——检测框输出概率；

u——检测框所对应的目标的真实类别，［$u\geqslant1$］取值：当 $u\geqslant1$ 时取 1，否则取 0；

t——检测框与候选框的偏差；

v——检测框与 ground-truth 标签框的偏差。

D　Faster R-CNN 网络训练

Faster R-CNN 对网络进行训练交替进行分为四步：

第一，单独训练 RPN 网络，通常使用 ImageNet 训练完成的模型参数进行参数初始化；

第二，使用上一步获得的候选区域独立训练 Fast R-CNN 检测网络，依然使用 ImageNet 训练完成的模型参数进行参数初始化，至此，两个网络分开训练，网络参数不共享；

第三，再次训练 RPN 网络，使用第二步训练的 Fast-RCNN 网络参数进行初始化，但是把基础（共享）卷积层的学习率（learning rate）设置为 0，仅微调 RPN 特有网络层；

第四，再次训练 Fast R-CNN 检测网络，使用第三步训练的 RPN 网络参数进行初始化，依然固定基础卷积层参数，仅微调 Fast R-CNN 特有网络层。

由于隧道光面爆破开挖每循环周期间隔几个至十几个小时，炮孔目标检测对准确度和召回率要求高，而对检测速度要求低。考虑到炮孔图像中炮孔目标为多个、炮孔尺度较小、分辨率较低和存在阴影干扰等，炮孔目标检测存在误检率高、召回率低等问题，因此 two-stage 算法应用于隧道炮孔目标检测更具优势。

2.3　卷积神经网络

卷积神经网络仿造生物的视知觉（visual perception）机制构建，通常包括输入层、卷积层、池化层（或降采样层）、全连接层和输出层。LeNet-5 是最早出现的卷积神经网络，网络结构较为简单，不考虑输入和输出，LeNet-5 包括 3 个卷积层、2 个池化层和 2 个全连接层，共 7 层，其网络结构如图 2.4 所示。

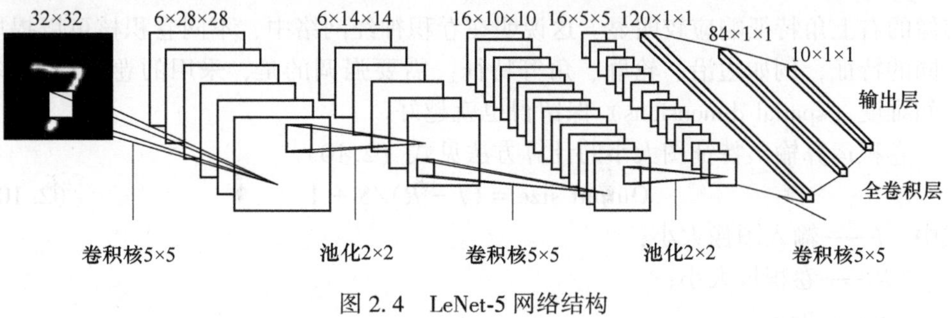

图 2.4　LeNet-5 网络结构

2.3.1　卷积神经网络的结构

2.3.1.1　输入层

将卷积神经网络应用于计算机视觉领域，输入层处理的多为二维平面图像数据和 RGB 彩色三通道数据（也可认为是三维输入数据）。

2.3.1.2　卷积层

卷积层是卷积神经网络的核心，卷积运算是其最基本的特征计算操作。对于给定的输入，经卷积运算后，输入与输出的对应关系可表示为：

$$\text{out}_j(x, y) = \sigma\left(\sum_{i=1}^{n}\sum_{k}\sum_{l}\text{input}_i(x+k, y+l) \times \text{filter}_{ij}(k, l) + \text{bias}_j\right) \tag{2.9}$$

式中　out_j——该层第 j 张输出特征图结果；

input_i——第 i 张输入特征图；

filter_{ij}——卷积核权值；

k，l——卷积核宽和高的大小；

bias_j——第 j 张输出特征图的偏置；

$\sigma(\cdot)$——激活函数。

A　卷积运算

图像识别中所谓的卷积是二维卷积，其过程是应用多个卷积核（也称滤波器）在二维图像上从左到右、从上到下滑动，并在每个位置上与图像局部区域的像素点做内积运算。图 2.5 为卷积运算示意图，其图像输入大小为 6×6 的 3 通道（RGB，也称作深度）彩色图像，示例图中包含 2 个 3×3 大小的卷积核，卷积运算时，不同的输入通道采用不同的卷积核；卷积核在输入图像上的滑动步长（stride）为 1，经过内积计算，同时考虑偏置项，得到输出结果，输出特征图大小为 4×4×K，K 为输出维数，也可以表示为卷积核个数，该实例中 $K=2$。输出结果显示卷积核 1 对输入图像的左上角和右下角特征响应较明显，卷积核 2 对输入图像的右上角特征响应较明显。这说明在卷积神经网络中，不同卷积核可以提取不同的特征，例如边沿、轮廓、角等特征。需要强调的是，采用的卷积核越多，空间维度（spatial dimensions）保留得也就越好。

卷积运算输出特征图大小的计算方法见式（2.10）。

$$\text{Output size} = (I - R)/S + 1 \tag{2.10}$$

式中　I——输入图像大小；

R——卷积核大小；

S——步长。

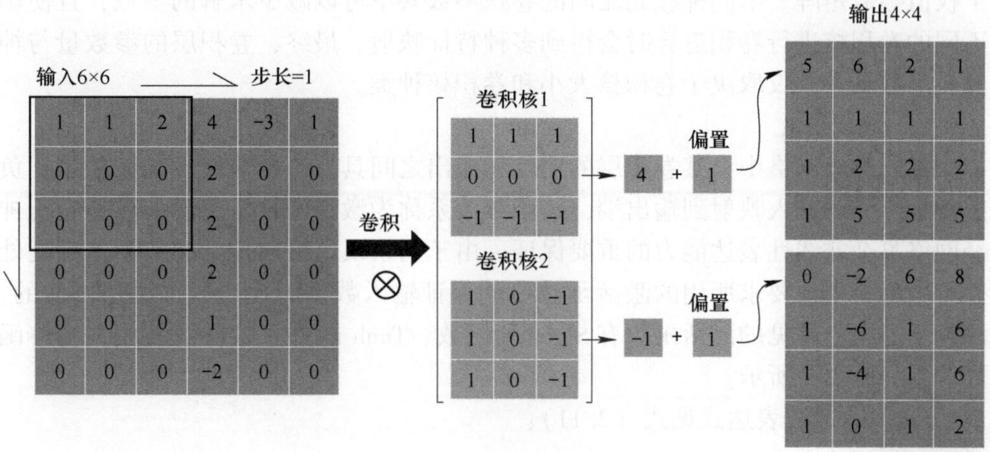

图 2.5 卷积运算示意图

图 2.5 彩图

B 卷积参数

卷积运算中卷积核是可学习的参数，每层卷积的参数量大小为 $D \times P \times P \times K$，其中 D 为输入维数，K 为输出维数。与全连接层相比，卷积层的参数要少很多，这得益于卷积层的主要特性，即局部连接和权值共享。

（1）局部连接。每个神经元仅与上一层输入神经元的部分区域连接，并提取该局部的特征，这块局部区域称作感受野（receptive field）。这种局部连接可保证学习后的卷积核对局部的输入特征有最强的响应。每个神经元只感受局部的图像区域，多层连接后更高卷积层可感受到全局的信息，如图 2.6 所示。因此，局部连接可大大减少神经网络需要训练的权值参数。

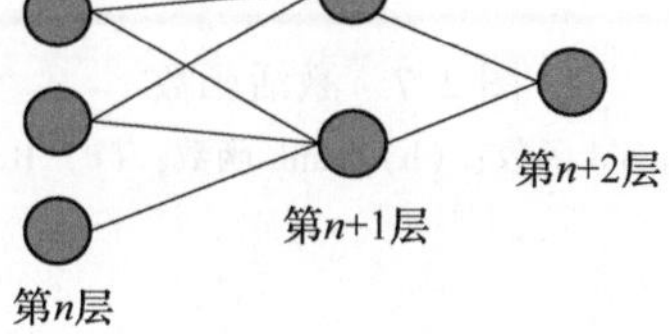

图 2.6 局部连接

（2）权值共享。权值共享就是对图像用相同的卷积核进行卷积操作，同一个卷积核，它在一个区域提取到的特征，也能适用于其他区域。也就是说把每个卷积核当作一种特征提取方式，而这种方式与图像等数据的位置无关。因此，应用权值共享，神经元连接输入数据时，同属于一个特征图谱的神经元，将共用一个权值参数矩阵。不同神经元之间的卷积参数共享可以减少求解的参数，且使用不同的卷积核进行卷积运算时会得到多种特征映射。最终，卷积层的参数量与神经元个数无关，仅取决于卷积核大小和卷积核种类。

C　激活函数

卷积神经网络中，某卷积层的输入和输出之间具有一个非线性函数关系，负责将神经元的输入映射到输出端，该函数关系称为激活函数。激活函数是卷积神经网络复杂非线性表达能力的重要保证，由于网络误差反向传播的数学基础是处处可微的，所以要求所用的激活函数要能保证输入数据与输出数据也是可微的。深度学习中，常见的激活函数有 Sigmoid 函数、Tanh 函数、Relu 及其相关变体函数等，如图 2.7 所示。

Sigmoid 函数表达式见式（2.11）：

$$f(x) = \frac{1}{1 + e^{-x}} \tag{2.11}$$

Tanh 函数表达式见式（2.12）：

$$f(x) = \frac{e^{x} - e^{-x}}{e^{x} + e^{-x}} \tag{2.12}$$

Relu 函数表达式见式（2.13）：

$$f(x) = \max(0,\ x) \tag{2.13}$$

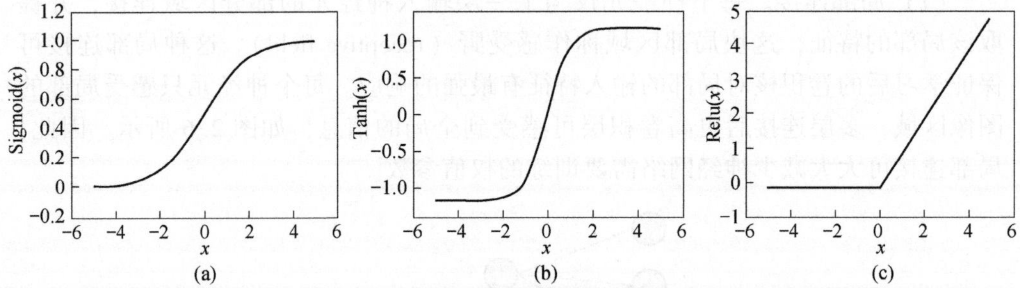

图 2.7　激活函数

（a）Sigmoid 函数；（b）Tanh 函数；（c）Relu 函数

2.3.1.3　池化层

池化层即通过对图像进行分区采样，把一个大的图像像素点矩阵降采样成一个小的矩阵，然后在每个区域上计算区域内特征的均值或最大值。池化操作可在不影响图像质量的情况下，用于压缩数据和参数的量，减小过拟合。通常来说，池化方法包括最大值池化（MaxPooling）和平均值池化（AveragePooling）两种。MaxPooling 取滑动窗口里邻域内特征点最大的值；AveragePooling 取滑动窗口里邻域内特征点的平均值。图 2.8 为池化运算示意图，其中图像输入大小为 6×6 的 3 通道彩色图像，包含 2 个 3×3 池化核矩阵，分别为 maxpooling 和 averagepooling 运算；池化核矩阵在输入图像上的滑动步长为 3，经池化运算输出的特征图大小为 2×2。需要强调的是，池化层用于在卷积神经网络上减小特征空间维度，但不会减小深度。

池化运算输出特征图大小的计算方法见式（2.14）。

$$\text{Output size} = (I - P)/S + 1 \tag{2.14}$$

式中 I——输入图像大小；

P——池化大小；

S——步长。

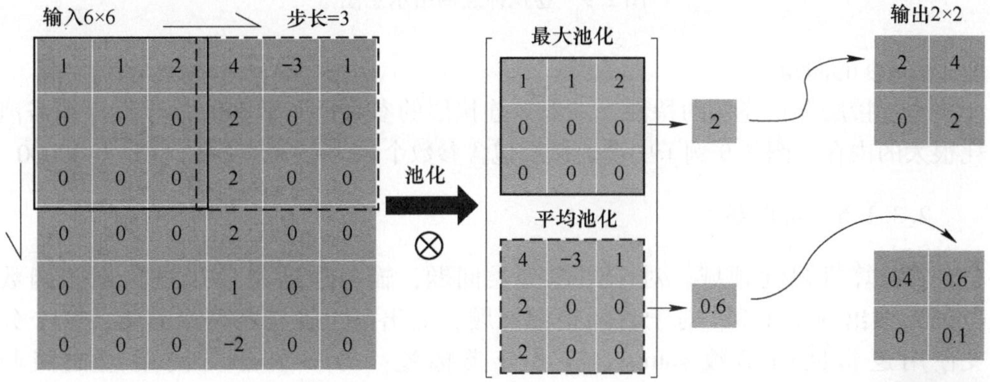

图 2.8 池化运算示意图

图 2.8 彩图

2.3.1.4 全连接层

卷积神经网络的卷积层、激活函数和池化层等作用是将原始图像映射到隐含层特征空间中，在卷积神经网络最后部分会有全连接层，作用是联合输出层进行分类。全连接层的每一个节点都与上一层的所有节点相连，用来把前边提取到的特征综合起来转化成一个一维的向量，该过程实现如图 2.9 所示。

在图 2.9 中，假定输入图像为 28×28 的 3 通道彩色图像，经过卷积和池化运算后输出特征图大小为 12×12，通道数为 10，再通过全连接层后输出变为 1×1000 的向量，最后采用 softmax 逻辑回归进行分类，该层也可称为 softmax 层。其中，全连接层的实现过程为：首先使用 10×1000 个 12×12 的卷积核进行卷积运算，若卷积核与全连接层输入图像大小一致，卷积运算之后整个输入图像转化为一个数值，10 个特征图进行卷积操作之后得到 10 个数值，然后再进行累加求和，就把 10 张特征图浓缩成一个数值，按以上操作进行 1000 次之后得到 1000 个值，

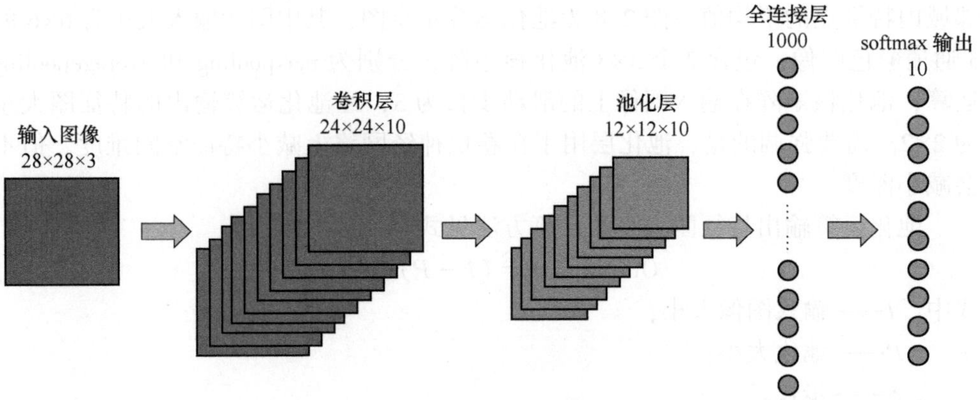

图 2.9 卷积神经网络示意图

即 1×1000 的向量。

全连接层全相连接的特性，一般全连接层的参数是非常多的，导致计算需消耗很大的内存。图 2.9 例子中全连接层包含参数个数为 1000×12×12×10＝1440000。

2.3.1.5 输出层

在计算机视觉领域，对于图像分类问题，输出层通常使用逻辑回归函数 softmax 输出分类标签；对于目标检测问题，输出层可设计为两个分支：一个分支使用逻辑回归函数 softmax 输出分类标签；另一个分支使用边框回归（Bounding Box Regression）得到目标精确的形状和位置。对于图像语义分割问题，输出层直接输出每个像素的分类结果。

相对于一般神经网络，卷积神经网络在图像处理方面有以下三个优点：

（1）输入图像和网络的拓扑结构能很好地吻合；

（2）特征提取与目标分类（或目标检测等）同时进行，并实现了“端到端”的输出；

（3）局部连接和权值共享可以大大减少网络的训练参数，使网络结构变得更简单，适应性更强。

2.3.2 卷积神经网络的发展

自 2012 年 AlexNet 赢得 ImageNet LSVRC-2012 图像分类大赛的冠军之后，CNN 在图像分类、目标检测和图像分割等计算机视觉领域获得广泛应用。为了获得更好的性能，CNN 向着更大更深的方向发展，由 AlexNet 仅有 7 层，到 VGG 网络 19 层，再到 22 层的 GoogleNet，再到 152 层的 ResNet，更有上千层的 ResNet 和 DenseNet。基于以上 CNN 的 Faster R-CNN 在自动驾驶、智能安防、侦察遥感、结构裂缝检测等领域取得了非常好的效果。

2.4 隧道光面爆破参数智能优化方法

光面爆破技术是当前隧道钻爆开挖的主要施工技术，它既能减小隧道围岩损伤范围，控制超欠挖量，又能使隧道开挖轮廓光滑平整，保证围岩的完整性和自身承载能力。然而，由于地质条件的复杂性和光面爆破理论的不成熟，不同地层岩性下隧道光面爆破参数的选择面临挑战。本书主要从理论分析、现场试验和智能优化方面开展隧道光面爆破参数优化研究。其中理论分析和现场试验的工作开展内容详见 6.2 节和 6.3 节，智能优化算法的工作开展内容详见 6.4 节，其优化算法采用基于深层 BP 神经网络的粒子群优化算法。

2.4.1 粒子群优化算法

1995 年，美国电气工程师 Russell Eberhart 和社会心理学家 James Kennedy 提出了粒子群优化算法。该算法是凸优化理论中的一个重要算法，具有收敛速度快、精度高、易实现等特点。PSO 算法利用了仿生学中鸟类觅食行为的模拟，研究发现鸟类通常是群体性觅食，觅食过程中，鸟群个体在散开或聚集等改变飞行方向时，往往呈现一定的规律性。其聚集模型中的每一个单体都遵循三条规则：匹配邻域个体速度；邻域个体间避免碰撞；向鸟群中心移动，并且整个群体向目标移动。

粒子群优化算法受鸟群协作觅食机制的启发，其实现步骤如下。

（1）将鸟群中每一个个体抽象为一个没有质量、体积的粒子，粒子群数量为 m，搜索空间为 N 维。

（2）在优化问题的可行解空间和速度空间内随机初始粒子位置和速度，粒子位置矢量为 $\boldsymbol{X}_i^t=(X_{i1}^t,\ X_{i2}^t,\ \cdots,\ X_{iN}^t)$，粒子速度矢量为 $\boldsymbol{V}_i^t=(V_{i1}^t,\ V_{i2}^t,\ \cdots,\ V_{iN}^t)$，分别表示第 t 次迭代计算时粒子 i 所在的位置和飞行速度，$i=1,\ 2,\ \cdots,\ m$。

（3）鸟群协作觅食机制可表述为每个粒子觅食过程中可以记忆自身经历的最佳位置 $\boldsymbol{P}_{\text{best}}=(P_{i1}^t,\ P_{i2}^t,\ \cdots,\ P_{iN}^t)$ 和所有群体粒子所发现的全局最佳位置 $\boldsymbol{G}_{\text{best}}=(G_{i1}^t,\ G_{i2}^t,\ \cdots,\ G_{iN}^t)$。在优化问题的可行解空间中每一个粒子都是一个可行解，食物源相当于问题的最优解，搜索结果与最优解的接近程度决定了粒子的好坏。求解过程中，每个粒子的移动方向由粒子自身寻得的最优解和粒子群整体寻得的全局最优解共同决定。

（4）迭代过程中，第 i 个粒子其位置与速度的更新如下：

$$\boldsymbol{V}_{ij}^{t+1}=\omega\boldsymbol{V}_{ij}^t+c_1r_1^t(\boldsymbol{P}_{ij}^t-\boldsymbol{X}_{ij}^t)+c_2r_2^t(\boldsymbol{G}_{ij}^t-\boldsymbol{X}_{ij}^t)\quad (j=1,\ 2,\ \cdots,\ N) \tag{2.15}$$

$$\boldsymbol{X}_{ij}^{t+1}=\boldsymbol{X}_{ij}^t+\boldsymbol{V}_{ij}^{t+1}\quad (j=1,\ 2,\ \cdots,\ N) \tag{2.16}$$

式中　ω——惯性时变权重，表示粒子对当前速度的继承能力，用于调节粒子的探索能力；

c_1，c_2——正的加速常数，用于调节迭代学习的速率；

r_1，r_2——[0，1] 区间均匀分布的随机数，用于增加搜索的随机性和扩大搜索范围。

式（2.15）和式（2.16）表示的粒子群优化算法过程，形象表示如图 2.10 所示。

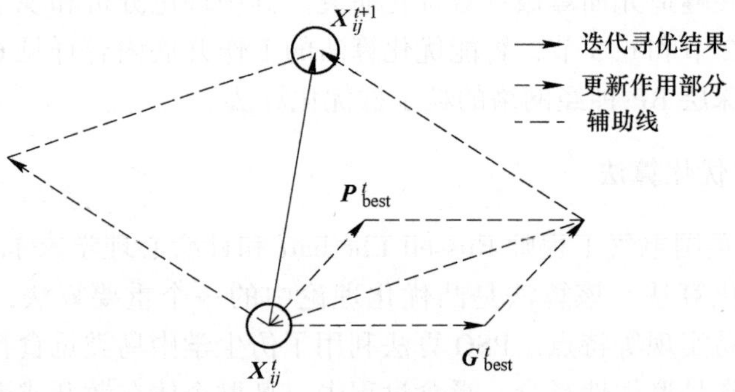

图 2.10　粒子速度更新机制

2.4.2　BP 神经网络

BP 神经网络是一种前馈神经网络，该算法的训练过程为信息正向传播、误差反向传播修正。正向传播中，输入信号通过输入层-隐含层-输出层进行输出。假定输入向量为 $\boldsymbol{X}=(x_1, x_2, \cdots, x_n)^{\mathrm{T}}$，输出向量为 $\boldsymbol{Y}=(y_1, y_2, \cdots, y_n)^{\mathrm{T}}$，期望输出向量为 $\boldsymbol{Y}'=(y_1', y_2', \cdots, y_n')^{\mathrm{T}}$。其中 n、l 和 m 分别为输入、隐含层和输出节点数。BP 神经网络的训练过程如下。

（1）随机初始化输入层-隐含层-输出层连接权值 w_{ij}、w_{jk} 和阈值 θ_j、θ_k。

（2）输入层-隐含层-输出层的正向传播计算，见式（2.17）和式（2.18）：

$$y_j = f\left(\sum_{i=1}^{n} w_{ij}x_i - \theta_j\right) \quad (i=1, 2, \cdots, n) \tag{2.17}$$

$$y_k = f'\left(\sum_{j=1}^{l} y_j w_{jk} - \theta_k\right) \quad (k=1, 2, \cdots, m) \tag{2.18}$$

式中，$f(\cdot)$、$f'(\cdot)$ 为激活函数。

（3）输出层实际输出和期望输出的误差计算，见式（2.19）：

$$E_k = \frac{1}{2}\sum_{j=1}^{l}(y_{km} - y_{km}')^2 \quad (k=1, 2, \cdots, m) \tag{2.19}$$

（4）权值更新，采用梯度下降算法，权值参数的迭代计算，见式（2.20）：

$$w(t+1)=w(t)+\eta\left(-\frac{\partial E_k}{\partial w}\right) \tag{2.20}$$

$$\theta(t+1)=\theta(t)+\eta\left(-\frac{\partial E_k}{\partial \theta}\right) \tag{2.21}$$

式中 t——迭代次数；

η——学习率。

训练过程中，可以通过调节学习率 η 的大小控制 E_k 的下降速度。同时为避免或减小数据振荡效应，常引入动量因子，即通过采用附加动量法来修正权值和阈值。

（5）判断算法迭代是否结束，若没结束返回步骤（2）。

综上所述，本章介绍了计算机视觉领域目标检测的概念和基于深度学习方法常用的图像目标检测算法，即 one-stage 和 two-stage 算法。由于隧道炮孔目标检测对精确率和召回率要求高，对检测速度要求低，因此详细阐述了 R-CNN 系列算法的发展历程，重点分析了 Faster R-CNN 算法实现原理和训练过程，并进一步分析了卷积神经网络的结构组成和卷积运算原理，为后续章节进行隧道炮孔目标检测算法的优化改进奠定基础。重点阐述了本书 6.4.3 节所提出的 PSO-DBP 神经网络模型的基础算法原理，包括粒子群优化算法和 BP 神经网络的架构及实现原理。

参 考 文 献

［1］Hunt B R. Digital image processing ［J］. Advances in Electronics and Electron Physics，1983，63（4）：161-221.

［2］Joshi K A，Thakore D G. A survey on moving object detection and tracking in video surveillance system ［J］. International Journal of Soft Computing and Engineering，2012，2（3）：44-48.

［3］尹宏鹏，陈波，柴毅，等. 基于视觉的目标检测与跟踪综述［J］. 自动化学报，2016，42（10）：1466-1489.

［4］Long J，Shelhamer E，Darrell T. Fully convolutional networks for semantic segmentation ［J］. IEEE Transactions on Pattern Analysis and Machine Intelligence，2014，39（4）：640-651.

［5］Redmon J，Divvala S，Girshick R，et al. You only look once：unified，real-time object detection ［C］//Proceedings of the IEEE conference on computer vision and pattern recognition，2016：779-788.

［6］Redmon J，Farhadi A. YOLO9000：better，faster，stronger ［C］//Proceedings of the IEEE conference on computer vision and pattern recognition，2017：7263-7271.

［7］Redmon J，Farhadi A. Yolov 3：An incremental improvement ［C］//Proceedings of the IEEE Conference on Computer Vision and Pattern Recognition，2018.

［8］Liu W，Anguelov D，Erhan D，et al. SSD：single shot multibox detector ［C］//Proceedings of the IEEE Conference on Computer Vision and Pattern Recognition，2016.

[9] Fu C Y, Liu W, Ranga A, et al. DSSD: deconvolutional single shot detector [C] //Proceedings of the IEEE Conference on Computer Vision and Pattern Recognition, 2017.

[10] Lin T Y, Goyal P, Girshick R, et al. Focal loss for dense object detection [C] //Proceedings of the IEEE Conference on Computer Vision and Pattern Recognition, 2017: 2980-2988.

[11] Rosenfeld A, Thurston M. Edge and curve detection for visual scene analysis [J]. IEEE Transactions on Computers, 1971, C-20 (5): 562-569.

[12] 赵文清，严海，邵绪强．改进的非极大值抑制算法的目标检测 [J]. 中国图象图形学报，2018，23 (11)：1676-1685.

[13] Ren S, He K, Girshick R, et al. Faster R-CNN: Towards real-time object detection with region proposal networks [J]. IEEE Transactions on Pattern Analysis and Machine Intelligence, 2015, 39 (6): 1137-1149.

[14] Simonyan K, Zisserman A. Very deep convolutional networks for large-scale image recognition [J]. Computer Vision and Pattern Recognition, 2014.

[15] Boer P T D, Kroese D P, Mannor S, et al. A tutorial on the cross-entropy method [J]. Annals of Operations Research, 2005, 134 (1): 19-67.

[16] He K, Zhang X, Ren S, et al. Deep residual learning for image recognition [C] //Proceedings of the IEEE Conference on Computer Vision and Pattern Recognition, 2016: 770-778.

[17] Lin T Y, Dollár P, Girshick R, et al. Feature pyramid networks for object detection [C] // Proceedings of the IEEE Conference on Computer Vision and Pattern Recognition, 2017: 2117-2125.

[18] Long J, Shelhamer E, Darrell T. Fully convolutional networks for semantic segmentation [C] // Proceedings of the IEEE Conference on Computer Vision and Pattern Recognition, 2015: 3431-3440.

[19] Girshick R, Donahue J, Darrell T, et al. Rich feature hierarchies for accurate object detection and semantic segmentation [C] // Proceedings of the IEEE conference on computer vision and pattern recognition, 2014: 580-587.

[20] Girshick R. Fast R-CNN [C] //Proceedings of the IEEE International Conference on Computer Vision, 2015: 1440-1448.

[21] Dai J, Li Y, He K, et al. R-FCN: Object detection via region-based fully convolutional networks [C] //Advances in neural information processing systems, 2016: 379-387.

[22] Li K, Huang Z, Cheng Y C, et al. A maximal figure-of-merit learning approach to maximizing mean average precision with deep neural network based classifiers [C] //2014 IEEE International Conference on Acoustics, Speech and Signal Processing (ICASSP), 2014: 4503-4507.

[23] Uijlings J R, Van De Sande K E, Gevers T, et al. Selective search for object recognition [J]. International Journal of Computer Vision, 2013, 104 (2): 154-171.

[24] Felzenszwalb P F, Girshick R B, Mcallester D, et al. Object detection with discriminatively trained part-based models [J]. IEEE Transactions on Software Engineering, 2010, 32 (9): 1627-1645.

[25] Howard A G. Some improvements on deep convolutional neural network based image classification [J]. arXiv preprint arXiv: 1312.5402, 2013.

[26] He K, Zhang X, Ren S, et al. Spatial pyramid pooling in deep convolutional networks for visual recognition [J]. IEEE Transactions on Pattern Analysis and Machine Intelligence, 2015, 37 (9): 1.

[27] 王全东，常天庆，张雷，等．面向多尺度坦克装甲车辆目标检测的改进 Faster R-CNN 算法 [J]. 计算机辅助设计与图形学学报，2018，30 (12): 2278-2291.

[28] 冯小雨，梅卫，胡大帅．基于改进 Faster R-CNN 的空中目标检测 [J]. 光学学报，2018，38 (6): 250-258.

[29] 吴晓凤，张江鑫，徐欣晨．基于 Faster R-CNN 的手势识别算法 [J]. 计算机辅助设计与图形学学报，2018，30 (3): 468-476.

[30] Ge R, Zhu Y, Xiao Y, et al. The subway pantograph detection using modified Faster R-CNN [J]. International Forum of Digital TV and Wireless Multimedia Communication. Springer, Singapore, 2016: 197-204.

[31] Lecun Y, Bengio Y, Hinton G. Deep learning [J]. Nature, 2015, 521 (7553): 436.

[32] Gu J, Wang Z, Kuen J, et al. Recent advances in convolutional neural networks [J]. Pattern Recognition, 2015.

[33] 王佩琪，高原，刘振宇，等．深度卷积神经网络的数据表示方法分析与实践 [J]. 计算机研究与发展，2017，54 (6): 1348-1356.

[34] Cha Y J, Choi W, Büyüköztürk O. Deep learning-based crack damage detection using convolutional neural networks [J]. Computer-Aided Civil and Infrastructure Engineering, 2017, 32 (5): 361-378.

[35] 刘宝龙．基于图像分析和深度学习的船名标识字符检测与识别研究 [D]. 杭州：浙江大学，2018.

[36] Hubel D H, Wiesel T N. Receptive fields, binocular interaction and functional architecture in the cat's visual cortex [J]. The Journal of Physiology, 1962, 160 (1): 106-154.

[37] 王红霞，周家奇，辜承昊，等．用于图像分类的卷积神经网络中激活函数的设计 [J]. 浙江大学学报（工学版），2019 (7): 1363-1373.

[38] Goodfellow I, Bengio Y, Courville A. Deep learning [M]. Cambridge: MIT Press, 2016.

[39] Szegedy C, Liu W, Jia Y, et al. Going deeper with convolutions [C] //Proceedings of the IEEE Conference on Computer Vision and Pattern Recognition, 2014: 1-9.

[40] Ioffe S, Szegedy C. Batch normalization: accelerating deep network training by reducing internal covariate shift [C] //Proceedings of the 32nd international conference on machine learning, 2015: 448-456.

[41] Szegedy C, Vanhoucke V, Ioffe S, et al. Rethinking the inception architecture for computer vision [C] //Proceedings of the IEEE conference on computer vision and pattern recognition, 2016: 2818-2826.

[42] Szegedy C, Ioffe S, Vanhoucke V, et al. Inception-v4, Inception-ResNet and the impact of residual connections on learning [C] //Thirty-First AAAI Conference on Artificial Intelligence,

2017.
[43] Huang G, Liu Z, Laurens V D M, et al. Densely connected convolutional networks [C] //Proceedings of the IEEE conference on computer vision and pattern recognition, 2017: 4700-4708.
[44] 李健伟，曲长文，彭书娟，等．基于卷积神经网络的SAR图像舰船目标检测［J］．系统工程与电子技术，2018，40（9）：1953-1959.
[45] 黄宏伟，李庆桐．基于深度学习的盾构隧道渗漏水病害图像识别［J］．岩石力学与工程学报，2017，36（12）：2861-2871.
[46] Mandal S K, Singh M M, Dasgupta S. Theoretical concept to understand plan and design smooth blasting pattern [J]. Geotechnical and Geological Engineering, 2008, 26 (4): 399-416.
[47] 李盟，朱哲明，肖定军，等．煤矿岩巷爆破掘进过程中周边眼对裂纹扩展止裂机理［J］．煤炭学报，2017，42（7）：1691-1699
[48] Kennedy J, Eberhart R C. Particle swarm optimization [C] //Proceedings of IEEE International Conference On Neural Networks, IEEE, 1995: 1942-1948.
[49] Eberhart R C, Kennedy J. A new optimizer using particles swarm theory [C] //Proceedings of Sixth International Symposium on Micro Machine and Human Science, 1995: 39-43.
[50] 邵晴．粒子群算法研究及其工程应用案例［D］．吉林：吉林大学，2017.
[51] 赵芸．基于智能优化算法的土石方优化调配研究与应用［D］．青岛：中国石油大学（华东），2018.
[52] 邹宝平，杨建辉，王建秀，等．基于灰色理论与BP神经网络的特长瓦斯隧道爆破参数优选［J］．铁道标准设计，2015，59（8）：131-136.
[53] Ren C, An N, Wang J, et al. Optimal parameters selection for BP neural network based on particle swarm optimization: A case study of wind speed forecasting [J]. Knowledge-Based Systems, 2014, 56: 226-239.

3 隧道炮孔目标检测数据库的构建与分类

基于深度学习的图像识别与定位是一种面向海量数据的深层神经网络的特征提取、分类和位置标注的方法。将深度学习方法应用于隧道掌子面炮孔目标识别与定位，关键是构建合适量级的炮孔数据集及其标签。然而，从已经开源的深度学习目标检测数据库中尚未发现公开的隧道炮孔数据集。因此，为解决这一难题，本章依托新建的蟠龙山隧道、海螺峪隧道、寨山隧道和城市地铁石山路站暗挖隧道等工程，通过现场跟踪隧道钻孔作业，采用便携式相机及手机拍摄隧道掌子面炮孔图像，获取了可用的隧道炮孔图像样本，并且通过裁剪、分类和人工标注构建了炮孔目标检测数据集。该数据集包括两个部分：

（1）单个炮孔图像数据集；

（2）多个炮孔图像数据集。

3.1 工程背景

3.1.1 蟠龙山隧道

国高青兰线泰安至东阿界段高速公路工程蟠龙山隧道位于山东省泰安市肥城市杨家峪村。隧道为左右线分离式隧道，起讫里程：左线为 ZK78+345～ZK81+230，长 2885 m；右线为 YK78+345～YK81+220，长 2875 m。隧址区地面高程为 153.8～356.6 m，最大埋深约 160 m。隧道为双向六车道，标准开挖断面最大宽度为 17.84 m、高度为 12.69 m。隧道全线洞身围岩岩性为第四系残坡积层（$Q4$）及晚寒武系（ϵ_3）白云质中风化灰岩，青灰夹灰白色，粒状结晶结构，层理构造，节理裂隙较发育。图 3.1 为蟠龙山隧道地质纵剖面图。

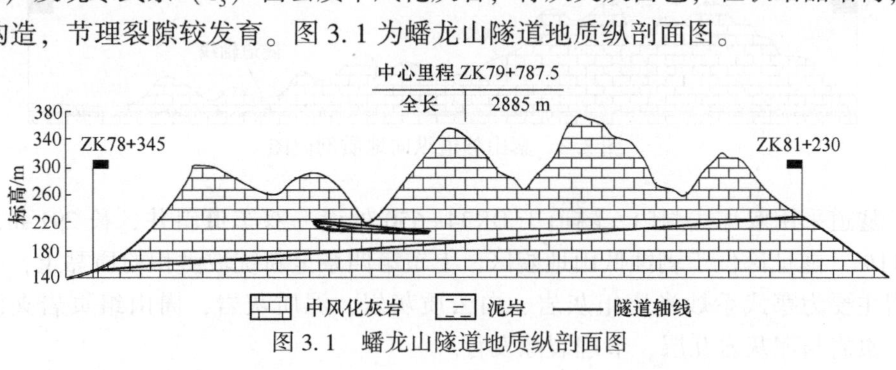

图 3.1　蟠龙山隧道地质纵剖面图

3.1.2　海螺峪隧道

济南至泰安高速公路工程海螺峪隧道位于山东省济南市历城区锦绣川镇。隧道为左右线分离式隧道，起讫里程：左线为 ZK11+445～ZK14+280，长 2835 m；右线为 YK11+395～YK14+410，长 3015 m。隧址区地形起伏较大，地面高程 260.0～670.0 m，隧道大部分路段埋深 40～200 m，最大埋深约 380 m。隧道为双向六车道，标准开挖断面最大宽度为 18.20 m、高度为 12.16 m。隧道全线洞身围岩岩性多为中风化石灰岩，青灰色，岩质较硬；或中风化页岩，褐红色、灰黄色，节理裂隙发育，岩体破碎；或中风化花岗闪长岩，灰绿色，块状构造，节理裂隙较发育。图 3.2 所示为海螺峪隧道地质纵剖面图。

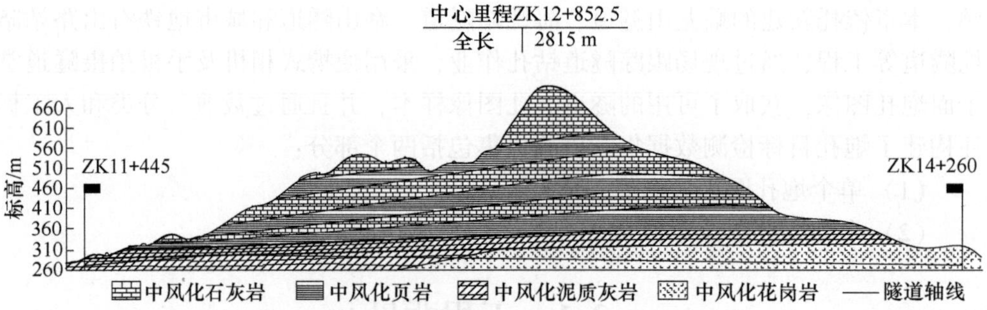

图 3.2　海螺峪隧道地质纵剖面图

3.1.3　寨山隧道

济南至莱芜高速铁路 2 标寨山隧道，起始里程 DK31+803，终止里程 DK36+615，全长 4812 m。隧道行车设计速度 350 km/h，为双线隧道。隧道最大埋深为 204 m，隧道纵向地质剖面图，如图 3.3 所示。

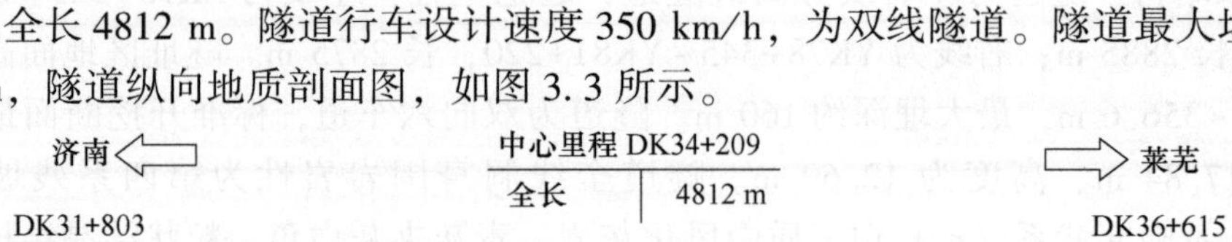

图 3.3　寨山隧道纵向地质剖面图

隧道采用双耳式洞门，隧道于 DK34+650 处设一双车道斜井，长 291 m，纵坡 11%。隧址区位于剥蚀低山地貌区，上覆第四系全新统坡洪积粉质黏土，下伏基岩主要为寒武系炒米店组灰岩、白云质灰岩、泥质灰岩，崮山组页岩夹泥灰岩、页岩与泥灰岩互层，节理裂隙发育。

3.1.4 地铁车站隧道

青岛地铁 6 号线石山路站为暗挖车站，车站长度为 224 m，开挖宽度×高度：20.1 m×17.07 m，埋深 13.9~17.4 m。车站开挖断面为单拱直墙形，采用初支拱盖法、全锚喷支护施工。车站开挖分为拱部和下部，拱部为三个开挖分部，开挖采用钻爆法；下部为九个开挖分部，开挖采用中部拉槽台阶爆破施工。

根据地质与勘察资料显示，车站主体穿越岩性包括粗粒花岗岩、花岗斑岩、煌斑岩和构造岩。岩性存在强风化、中等风化和微风化分布，强风化岩层表面粗错、破碎，为软岩，质量等级为Ⅴ级；中等风化岩层节理裂隙发育，为软岩~较坚硬岩，质量等级为Ⅳ~Ⅴ级；微风化岩层岩体较为完整，为较坚硬岩~坚硬岩，质量等级为Ⅲ~Ⅳ级。地勘钻探中，受区域构造断裂的影响，存在砂土状碎裂岩和块状碎裂岩等构造岩。

3.1.5 掌子面炮孔分布特点

以蟠龙山隧道为例，隧道试验段均为钻爆法开挖，具体施工工法为上下台阶法，上台阶标准开挖断面宽度约为 17.0 m、高度约为 7.5 m，上台阶标准断面开挖面积约为 110 m^2，掌子面围岩较为平整，如图 3.4 所示。上台阶一次钻爆开挖

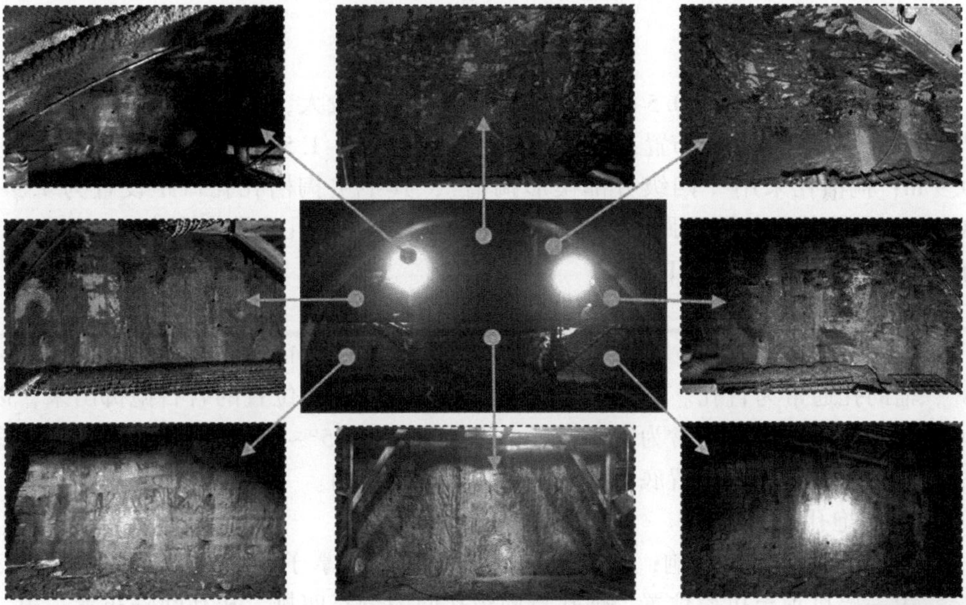

图 3.4 隧道上台阶开挖断面大，掌子面围岩较为平整，各分断面炮孔易分辨

图 3.4 彩图

的炮孔数量多达 150 个，由于断面大，炮孔数量多，其炮孔间距、排距、光爆层厚度等参数选取直接影响隧道爆破开挖效果（超挖、欠挖及爆破块石大小等）。

上台阶掌子面爆破炮孔分布特点，如图 3.5 所示。图 3.5 中炮孔自内向外分布有掏槽孔、辅助孔、周边孔和底板孔，分别采用绿色、红色、黑色和蓝色的实心小圆表示，炮孔孔径均为 ϕ42 mm。

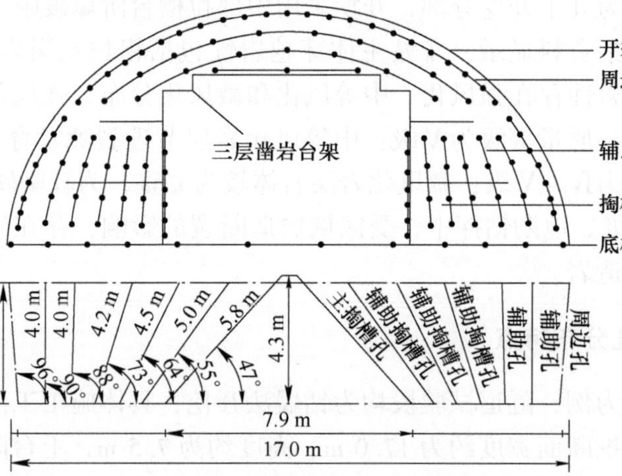

图 3.5　隧道上台阶炮孔类型及分布特点

（1）炮孔间距。

周边孔炮孔间距为 0.5~0.7 m，通常拱顶间距较大，拱脚间距最小。辅助孔与周边孔、掏槽孔交错布置，其炮孔间距拱顶为 1.0~1.5 m、拱肩及拱腰为 0.8~0.9 m；掏槽孔采用“四级分部楔形掏槽”，其中主掏槽孔孔口距设置为 7.9~8.1 m，主掏槽孔炮孔间距为 0.5~0.7 m，各辅助掏槽孔炮孔间距为 0.8~1.0 m。底板孔炮孔间距为 1.2~1.5 m。

（2）炮孔倾角。

受初支钢拱架限制，周边孔通常沿设计轮廓线内移 10~20 cm，外偏角为 5°~8°。辅助孔通常为直孔。为便于将隧道掌子面中心偏低位置的岩石抛掷出来，以增加临空面，掏槽孔通常为斜眼掏槽，内插角多为 45°~75°。掌子面中间位置底板孔多为直孔，两侧位置底板孔通常有一定的内插角。

（3）炮孔分布。

受三层凿岩台架影响，炮孔分布于台架外侧的掌子面，且自上而下分为三层：第一层拱顶至拱肩位置，炮孔自周边孔向内分布四排，相互间隔布置；第二层为拱肩至拱腰位置，自上而下分布两排，周边孔较密集；第三层为拱腰至拱脚位置，自上而下分布两排，周边孔和主掏槽孔较密集。

3.2 炮孔数据集构建

3.2.1 炮孔图像采集

为确保隧道炮孔图像数据的适用性和可扩展性，依托蟠龙山隧道和海螺峪隧道工程，在不影响隧道正常钻孔作业情况下，考虑不同围岩类型和等级、多种光照条件、拍摄距离和拍摄角度变化，使用 4 种采集设备开展隧道炮孔图像采集，采集时间累计 6 个月。设备名称及其对应的图像分辨率为：

（1）佳能 EOS80D 相机，6000×4000；

（2）华为 Mate10，3968×2976；

（3）小米 MIX3，4032×3024；

（4）iPhone 7P，4032×3024。

采集时增为增强光照条件，采用设备名为移动投光灯和强光探照灯。

炮孔图像采集过程中考虑的 4 种因素具体如下。

（1）不同围岩条件。不同围岩条件（围岩类型、等级、破碎程度、节理裂隙发育以及是否含水等）可造成炮孔图像背景的多样性，这种图像背景的差异对深度学习算法的鲁棒性至关重要。因此，本书基于蟠龙山隧道和海螺峪隧道的左线、右线及其不同里程段进行炮孔图像采集。图 3.6 展示了不同围岩条件下隧道炮孔图像。可以看出以下几点。

1）炮孔成孔质量与围岩完整性、平整度和破碎程度直接相关。围岩完整性、平整度越好，且破碎程度越小，则炮孔成孔质量越好，炮孔越容易分辨。

2）掌子面岩体较破碎，或节理、层理较发育时，掌子面时常存在与炮孔类似的破碎岩块阴影，将会导致炮孔错检、误检严重。

（2）不同光照条件。隧道正常钻孔作业情况下，掌子面光线较暗，属弱光条件，如图 3.7（a）所示。该弱光环境下，受凿岩台车纵横支架、支撑和初期支护钢架等结构的影响，掌子面围岩多遮挡阴影分布，导致炮孔图像亮度和分辨率较低，炮孔成像模糊。因此，为呈现不同光照条件下炮孔图像的差异性，同时增加隧道掌子面炮孔图像的亮度和分辨率，隧道炮孔图像采集时，分为隧道正常钻孔作业弱光条件和人工增强光照条件两种光照条件，如图 3.7 所示。图 3.8 所示为两种光照条件下同一隧道断面采集的炮孔图像。从图 3.8 中可以发现：相比正常钻孔作业弱光条件，人工增强光照条件后，可明显消除或减弱掌子面上凿岩台车及钢架等支架的阴影，提升炮孔的分辨效果；可明显消除或减弱破碎岩体掌子面岩块阴影的影响，增加炮孔与岩块阴影的辨别度。

(c)

图 3.6　不同围岩条件下隧道炮孔图像

(a) 中风化灰岩、花岗闪长岩，岩体较完整，炮孔成孔较好；
(b) 中风化石灰岩、页岩，有渗水，岩体较破碎，炮孔成孔一般；
(c) 中风化灰岩、泥质灰岩，层理节理发育，岩体较破碎，炮孔成孔较差

图 3.6 彩图

(a)　　(b)

图 3.7　两种光照条件

(a) 钻孔正常作业弱光条件；(b) 增加光照条件

图 3.7 彩图

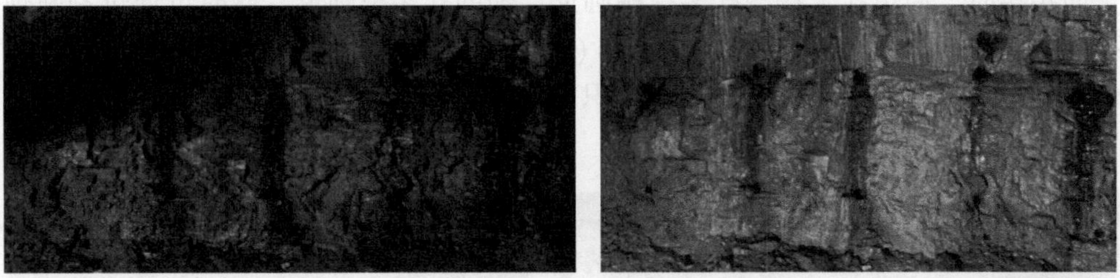

(a) (b)

图 3.8 不同光照条件下同一隧道断面炮孔图像

(a) 正常弱光条件；(b) 增加光照条件

图 3.8 彩图

(3) 不同拍摄距离。从不同距离拍摄同一隧道断面，炮孔图像中的炮孔大小、数量和分辨率明显不同。同时，从不同距离拍摄同一隧道断面，也可显著增加炮孔图像样本数量，丰富炮孔图像数据集。图 3.9 所示为不同拍摄距离下同一隧道断面采集的炮孔图像。从图 3.9（a）可以发现：距离掌子面越近，炮孔尺寸相对越大且轮廓、颜色等特征越明显，但炮孔数量较少，此时有利于炮孔目标的识别和检测，但不利于炮孔类型和分布的判断；从图 3.9（b）可以发现：距离掌子面越远，炮孔尺寸相对越小且轮廓、颜色等特征越模糊，但炮孔数量较多，此时炮孔目标较难以分辨，但有利于判断出炮孔类型以及炮孔分布和隧道轮廓的位置关系。

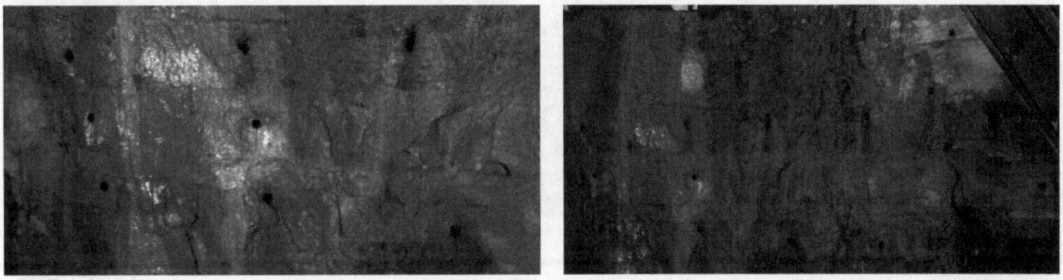

(a) (b)

图 3.9 不同拍摄距离下同一隧道断面炮孔图像

(a) 距离较近，炮孔大、数量少；(b) 距离较远，炮孔小、数量多

图 3.9 彩图

(4) 不同拍摄角度。隧道炮孔类型可分为周边孔、底板孔、辅助孔和掏槽孔。不同种类的炮孔沿隧道纵向方向所呈夹角不同，通常周边孔和底板孔外偏角较小，为 3°~10°，辅助孔为直孔，掏槽孔多为分部楔形掏槽，最大偏角约为 45°。因此，从不同角度拍摄，隧道同一断面炮孔形状存在明显差异。图 3.10 所示为不同拍摄角度下同一隧道断面炮孔图像。从图 3.10（a）中可以发现：镜头

正向拍摄时，周边孔、掏槽孔多呈椭圆形，辅助孔多呈圆形，此时可通过判断炮孔形状间接区分炮孔种类；从图 3. 10（b）镜头偏左或偏右拍摄时，不同种类的炮孔均呈圆形，此时有利于提高炮孔识别精度，但不利于判别炮孔类型。炮孔识别精度，但不利于判别炮孔类型。

(a)

(b)

图 3. 10　不同拍摄角度下同一隧道断面炮孔图像

（a）镜头正向拍摄；（b）镜头偏向右或偏向左拍摄

图 3. 10 彩图

图 3. 11 所示为隧道拱顶同一隧道断面正向或顺轮廓方向拍摄的炮孔图像。从图 3. 11 可以看出，顺轮廓圆弧方向拍摄可明显剔除钢拱架上超前小导管预留割孔的影响。

(a)

(b)

图 3. 11　不同拍摄角度下拱顶断面炮孔图像

（a）镜头正向拍摄；（b）镜头顺轮廓圆弧方向拍摄

图 3. 11 彩图

综上所述，从有利于判断炮孔类型和分布的角度进行炮孔目标检测时，增加光照条件、远距离和正向拍摄的炮孔图像最佳。然而远距离和正向拍摄条件也增加了炮孔精确检测的难度和高召回的难度，这就要求需根据炮孔目标的特点，提出高精确率、高召回率和高鲁棒性的深度学习目标检测模型。

3. 2. 2　炮孔图像数据集分类

考虑上述因素，筛选获得 3262 幅炮孔图像，每幅炮孔图像包含数个至数十个单个炮孔。由于正常钻孔作业弱光条件和增加光照条件下，隧道炮孔目标分辨率、轮廓特征以及支架、破碎岩块等阴影的干扰不同，因此炮孔目标检测效果相差较大。通常钻孔弱光条件下炮孔目标检测效果更差，存在炮孔识别及定位困难、误检较高等问题。因此，本章选用增强光照条件好的炮孔图像，构建多个炮孔图像数据集，包含 2288 幅炮孔图像。

3.2.2.1 多个炮孔图像数据集

多个炮孔图像数据集包含的炮孔图像类型为：光照条件好，分辨率较高和阴影等干扰较少的炮孔图像，如图 3.6、图 3.8（b）、图 3.9 和图 3.10 所示。为了提高炮孔目标检测准确率，深度卷积神经网络需要大量训练样本。然而，由于隧道钻孔作业时间较长（3~6 h），灰尘较大，基于上述条件（见 3.2.1 小节）进行炮孔图像采集比较耗时、困难，采集的炮孔图像数据量有限，因此，本书采用左右翻转、上下翻转、随机调整亮度的方法，进行炮孔图像数据增强，将采集的炮孔图像样本扩增 4 倍（见图 3.12），最终建立多个炮孔图像数据集，共计 9152 幅炮孔图像。另外，为了加快炮孔图像训练速度和减小支架及围岩阴影等干扰因素，在进行图像增强之前，先将采集到原始炮孔图像统一裁剪至固定尺寸 2640×1320 像素值。

为了将更多的多个炮孔图像用于模型训练，采用 9∶1 的比例划分训练集和测试集，因此生成训练集图像 8236 幅，测试集图像 916 幅。

图 3.12 炮孔图像裁剪及数据增强

（a）原始图像；（b）局部裁剪；（c）左右翻转；（d）上下翻转；（e）随机调整亮度

图 3.12 彩图

3.2.2.2　单个炮孔图像数据集

考虑每幅炮孔图像尺寸较大、背景复杂且包含多个炮孔，若直接应用深度学习目标检测方法对多个炮孔图像进行训练和识别，存在训练耗时、网络模型结构及参数确定困难和炮孔目标检测误检、漏检严重等问题。参考杨洋等提取单棵玉米根茎的思想，本书从每幅炮孔图像中提取单个炮孔样本，首先进行单个炮孔图像的目标检测，单个炮孔图像尺寸统一缩减至 300×300 像素值。这样做的优点是：

（1）单个炮孔图像尺度小，训练速度快；

（2）单个炮孔轮廓清晰、形状具体，便于优化适用于炮孔目标检测的网络结构和模型参数；

（3）训练完成的单个炮孔模型权重参数可用于多个炮孔模型训练的参数初始化。

因此，从多个炮孔图像和多个炮孔困难图像中裁剪建立单个炮孔图像数据集，共计 5080 幅单个炮孔图像样本。

考虑到隧道不同种类炮孔（周边孔、底板孔、辅助孔和掏槽孔）纵向倾角不同和不同断面位置围岩破碎程度不同，导致炮孔图像中炮孔孔口形状存在差异。Xue 等按血管形态变化将病变毛细血管进行分型标注的思想，本书将单个炮孔按形状分为圆形、椭圆形和不规则形三种标签，如图 3.13 所示。三种标签的炮孔形状基本定义及其特征意义如下。

(a)　　(b)　　(c)

图 3.13　不同形状单个炮孔图像示例

（a）圆形炮孔；（b）椭圆形炮孔；（c）不规则形炮孔

（1）圆形炮孔（circular blasthole，bhc）：炮孔孔口呈圆形，如图 3.13（a）所示。由于辅助孔为直孔且多位于一副炮孔图像的中间位置，其炮孔多呈圆形，因此该标签标注的炮孔多为辅助孔。

（2）椭圆形炮孔（elliptical blasthole，bhe）：炮孔孔口呈椭圆形，如图 3.13

(b) 所示。由于周边孔和掏槽孔沿纵向分别存在一定的外插角和内插角，且多位于一幅图像的边缘，其炮孔多呈椭圆形，因此该标签标注的炮孔多为周边孔或掏槽孔。

(3) 不规则形炮孔 (irregular blasthole, bhi)：炮孔孔口形状发生畸变，形状不规则，如图 3.13 (c) 所示。该标签标注的炮孔多位于一幅图像中围岩较破碎的位置，受其影响成孔困难，因此该类炮孔可间接反映围岩较破碎的情况。

基于以上单个炮孔形状分型，通过左右、上下翻转可显著增加单个炮孔的区别样本，扩增单个炮孔数据集。最终，将单个炮孔样本扩增 3 倍，建立共计 15240 幅单个炮孔图像数据集。由于单个炮孔样本较多且特征较简单，为了合理确定深度学习模型的超参数和充分验证深度学习模型的检测效果，采用 4 : 1 的比例生成训练集和测试集，即训练集图像 12200 幅、测试集图像 3040 幅。

综上所述，多个炮孔图像数据集和多个炮孔困难图像数据集充分考虑了不同围岩、不同光照、不同拍摄距离和角度，以及阴影、遮挡物等差异因素，使得整个数据集能有效反映类似围岩条件下隧道炮孔的各方面特征和特点。在此基础上，进一步考虑了单个炮孔的形状差异，提取了圆形、椭圆形和不规则形单个炮孔数据集，有效建立了炮孔标签类型和炮孔种类以及围岩破碎程度之间的联系。

3.2.3 炮孔标签生成

为便于炮孔数据的命名和分类，所有炮孔数据样本均以 6 位数字 (如 000001.jpg) 命名。针对炮孔目标检测的标签制作，任务是将炮孔图像中的每个炮孔位置以外接矩形框形式框出并记录，炮孔目标和类别以标签形式保存，并将在深度学习算法框架中被调用。本书依据 PASCAL VOC2012 数据集格式生成炮孔数据集，具体为:

(1) 单个圆形和椭圆形炮孔以矩形框 (矩形框的边与炮孔图像的边平行或垂直) 的形式标注，矩形框与炮孔的最大孔径相切，即矩形框最大边长等于炮孔最大孔径;

(2) 单个不规则形炮孔以矩形框的形式标注，但矩形框的大小大于炮孔大小，要求矩形框内可同时包含炮孔和炮孔周围小面积破碎岩体背景;

(3) 多个炮孔图像中每个炮孔标注以单个炮孔标注形式为准，逐一进行标注。图 3.14 所示为应用 labelImg 软件添加炮孔标签。

应用 labelImg 软件，可框出炮孔目标的位置框，并可区分该框属于哪类炮孔，通过设定标签的保存位置，每个炮孔图像可以得到一个 .xml 文件，每个 .xml 文件的保存名称与相应炮孔图像名称相同。在 .xml 文件中，详细信息为图片名称 (filename)、保存路径 (path)、图像大小 (width, height)、目标种类 (object-name)、目标的左上角坐标 (x_{min}, y_{min}) 和右下角坐标 (x_{max}, y_{max})。

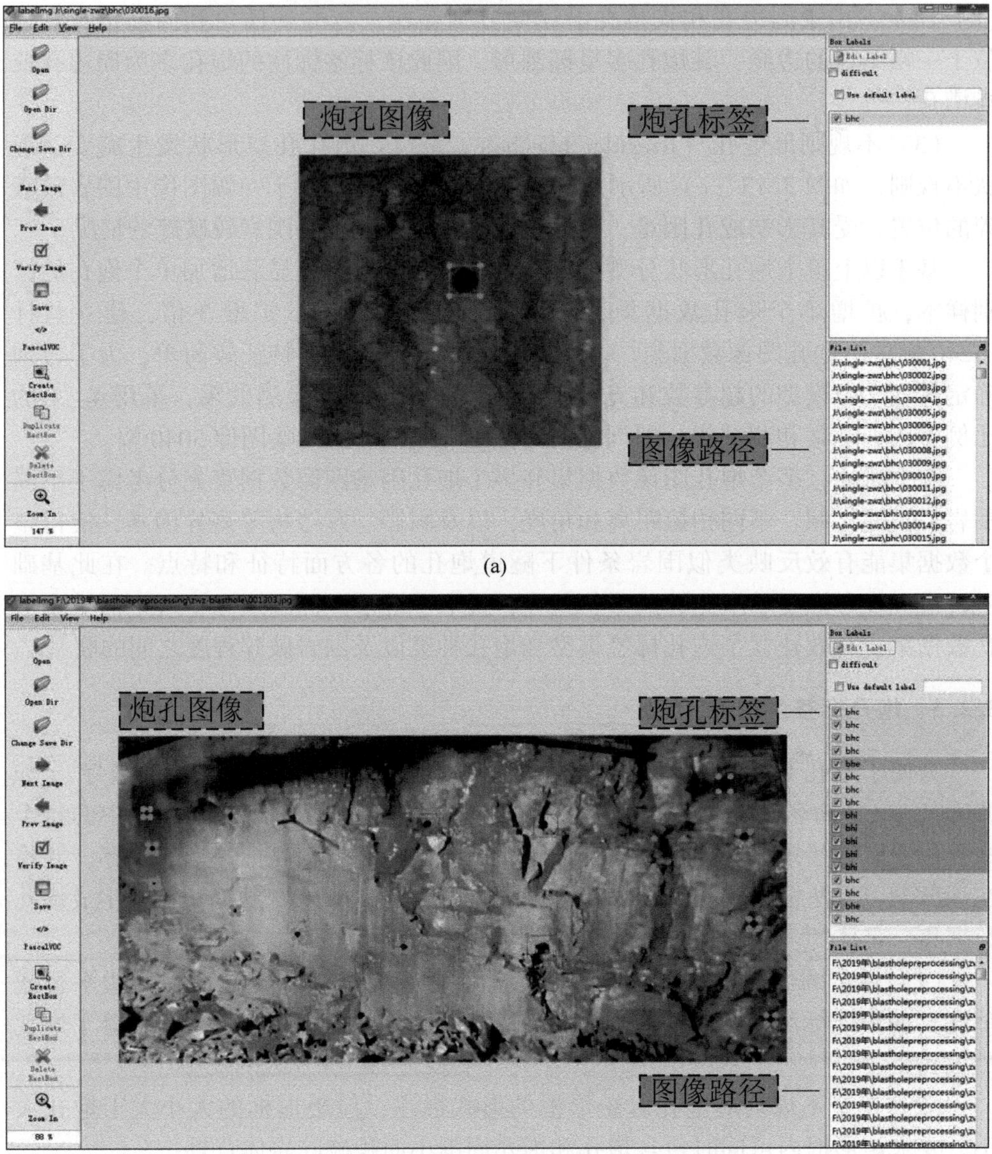

图 3.14　应用 labelImg 软件添加炮孔标签

（a）单个炮孔标签；（b）多个炮孔标签

3.3　炮孔图像数据集统计与划分

通过上述的炮孔分类和标注，得到炮孔目标的 PASCAL VOC2012 数据集，其中单个炮孔图像和多个炮孔图像的数据统计见表 3.1。

表 3.1　炮孔图像数据集统计

数据集分类		标注训练集	未标注测试集	总数据集
单个炮孔图像	圆形	4260	1220	15240
	椭圆形	4260	1020	
	无规则形	3680	800	
	合计	12200	3040	
多个炮孔图像		8236	916	9152
合计		24392		

为了更深入地了解炮孔图像数据集中炮孔尺度分布情况，根据炮孔标签信息，统计炮孔孔径尺度变化为 20~120 像素值。若考虑无规则形炮孔标注矩形框尺度（框内包含围岩背景，框尺度大于炮孔尺度），炮孔孔径尺度变化为 20~180 像素值。图 3.15 为根据单个炮孔图像和部分多个炮孔图像统计的炮孔孔径尺度区间分布和所占百分比情况。

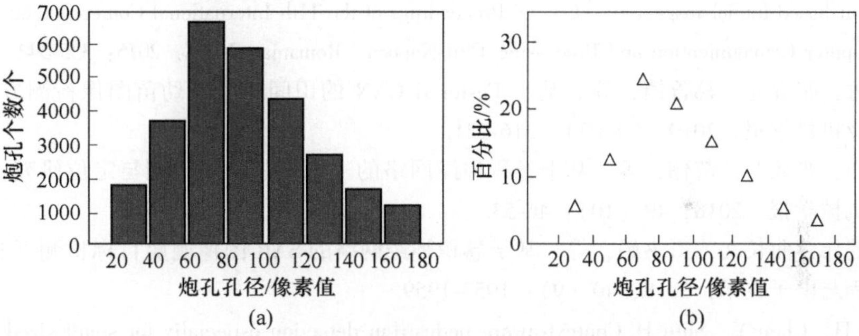

图 3.15　炮孔孔径尺度区间分布和所占百分比

(a) 区间分布；(b) 百分比

可以发现，大部分的炮孔孔径在 40~120 像素值时，占总统计炮孔数量的 73.6%，其中以 60~80 像素值和 80~100 像素值两个像素区间段最多，分别占总统计炮孔数量的 24.1% 和 20.9%。小尺度（20~40 像素值）的炮孔数量约占总统计炮孔数量的 7.0%，大尺度（120~180 像素值）的炮孔数量约占总统计炮孔数量的 19.4%，其中不规则形炮孔数量约占总统计炮孔数量的 15.2%。

综上所述，本章的主要内容汇总如下。

(1) 基于高速公路隧道、高速铁路隧道、地铁车站隧道等工程，使用便携式相机及手机采集隧道炮孔图像，并且通过人工裁剪、分类和标注构建了包含 24392 幅炮孔图像的数据集。整个数据集又可细分为单个炮孔图像数据集和多个炮孔图像数据集两类。

（2）炮孔图像样本采集时，充分考虑了不同围岩条件、不同光照条件、不同拍摄距离、不同拍摄角度以及阴影、遮挡物等差异因素，使得建立的炮孔数据集样本较为丰富、客观、科学。

（3）考虑炮孔种类、分布、纵向倾角和围岩破碎程度，提出了单个炮孔识别的圆形炮孔（bhc）、椭圆形炮孔（bhe）和不规则形炮孔（bhi）三种标签类型，并建立了炮孔标签类型和炮孔种类以及围岩破碎程度之间的联系。

（4）根据炮孔标签信息统计，炮孔孔径尺寸变化范围为 20~180 像素值，其中以 60~80 和 80~100 两个像素区间段最多，分别占总统计炮孔数量的 24.1%和 20.9%；小尺度（20~40 像素值）炮孔数量约占总统计炮孔数量的 7.0%。

参考文献

[1] Protopapadakis E, Voulodimos A, Doulamis A, et al. Automatic crack detection for tunnel inspection using deep learning and heuristic image post-processing [J]. Applied Intelligence, 2019 49: 2793-2806.

[2] Makantasis K, Protopapadakis E, Doulamis A, et al. Deep convolutional neural networks for efficient vision based tunnel inspection [C] // Proceedings of the 11th International Conference on Intelligent Computer Communication and Processing. Cluj-Napoca, Romania: IEEE, 2015: 335-342.

[3] 孙哲，张春龙，葛鲁镇，等．基于 Faster R-CNN 的田间西兰花幼苗图像检测方法 [J]．农业机械学报，2019，50（7）：216-221.

[4] 杨洋，张亚兰，苗伟，等．基于卷积神经网络的玉米根茎精确识别与定位研究 [J]．农业机械学报，2018，49（10）：46-53.

[5] 李健伟，曲长文，彭书娟，等．基于卷积神经网络的 SAR 图像舰船目标检测 [J]．系统工程与电子技术，2018，40（9）：1953-1959.

[6] Xie H, Chen Y, Shin H. Context-aware pedestrian detection especially for small-sized instances with Deconvolution Integrated Faster RCNN (DIF R-CNN) [J]. Applied Intelligence, 2019, 49 (3): 1200-1211.

[7] Xue D X, Zhang R, Feng H, et al. CNN-SVM for microvascular morphological type recognition with data augmentation [J]. Journal of Medical and Biological Engineering, 2016, 36 (6): 755-764.

[8] Wu X, Chen X, Zhou J. C-CNN: Cascaded convolutional neural network for small deformable and low contrast object localization [J]. CCF Chinese Conference on Computer Vision. Springer, Singapore, 2017: 14-24.

[9] Everingham M, Eslami S M A, Van G L, et al. The pascal visual object classes challenge: a retrospective [J]. International Journal of Computer Vision, 2015, 111 (1): 98-136.

[10] 郭智，宋萍，张义，等．基于深度卷积神经网络的遥感图像飞机目标检测方法 [J]．电子与信息学报，2018，40（11）：2684-2690.

[11] 赵春晖，周瑶．基于改进 Faster R-CNN 算法的舰船目标检测与识别 [J]．沈阳大学学报

(自然科学版)，2018，30 (5)：366-371，380.

[12] Sharma N，Scully-Power P，Blumenstein M. Shark detection from aerial imagery using region-based CNN，a Study [C] // Australasian Joint Conference on Artificial Intelligence. Springer，Cham，2018：224-236.

4 基于深度神经网络的单个炮孔目标检测方法

由于深度学习方法可提取数据个体特征进行自我学习，对图像表征能力强，且泛化能力和鲁棒性好，目前该方法已广泛应用于道路、桥梁及隧道等土木结构病害（如裂缝、渗漏水、螺栓锈蚀和脱落等）领域的计算机视觉检测。隧道光面爆破开挖过程中，掌子面炮孔数量、间距等参数直接影响爆后超欠挖大小和轮廓成型效果，而基于传统的人力统计、记录炮孔数量和间距的方法费时费力，且影响施工进度。因此，本书通过应用移动设备（手机、相机等）快速采集隧道炮孔图像，立足于采用深度学习图像目标检测算法，进行隧道炮孔数量及分布的智能化识别。考虑到现场拍摄的炮孔图像尺寸较大、炮孔数量多且大小不一、围岩背景复杂、支架及岩块阴影干扰多等影响，直接应用深度学习方法进行多个炮孔图像的识别与位置标注存在计算内存占用率高、计算耗时、网络收敛困难、参数调整复杂以及炮孔识别精度及召回率低等问题，因此，本章首先开展基于深度神经网络的单个炮孔目标检测方法研究。具体内容如下：

（1）针对单个炮孔轮廓特征明显、形状具体，提出一种适用于单个炮孔目标检测的轻量级卷积神经网络；

（2）针对 Faster R-CNN 目标检测方法对小尺寸目标检测效果差的问题，设计多尺度输入和自上而下多层特征融合的方法，提升小尺寸炮孔目标的检测效果；

（3）针对假炮孔和误检炮孔的影响，提出基于距离约束的非极大值抑制（NMS）炮孔过滤算法，剔除单个炮孔临近范围的假炮孔和误检炮孔；

（4）针对改进的 Faster R-CNN 炮孔检测方法，基于控制变量法进行网络模型超参数的选择。

4.1 轻量级卷积神经网络设计

分析隧道单个炮孔图像样本数据可知，单个炮孔目标检测存在以下两个特点：

（1）单个炮孔图像尺寸为 300×300 像素值，其边长尺寸仅为原整幅炮孔图像的 5.0%~10.1%，因此，基于 Faster R-CNN 方法的单个炮孔目标检测其训练及测试速度更快；

（2）单个炮孔图像中炮孔目标与背景区别较为明显，炮孔轮廓特征较为清晰且形状具体，可分为圆形、椭圆形和不规则形，因此单个炮孔识别与定位更易实现。

因此，本章提出采用轻量级卷积神经网络 SqueezeNet 实现单个炮孔的目标检测。SqueezeNet 网络具有结构简单、所需存储空间少的特点，可在保证准确率的情况下，训练速度和模型收敛更快。

4.1.1 SqueezeNet 网络

2016 年，分别来自加州大学伯克利分校和斯坦福大学的 Iandola 和 Han 等学者提出了 SqueezeNet 网络模型，如图 4.1（a）所示，其中有颜色填充的网络层表示有学习参数的卷积层。SqueezeNet 网络首先以一个卷积核为 7×7、步长为 2 的卷积层 1（conv1）开始。然后，第二层至第九层使用 8 个 fire 模块，每个 fire 模块包含 squeeze 和 expand 上下两层卷积层；第十层是一个卷积核为 1×1、步长为 1 的卷积层 10（conv10）。最后，经过卷积核为 3×3、步长为 1 的全局平均池化（global average-pooling）层至 softmax 层进行图像分类并输出。其中，在 conv1、fire4 和 fire8 后使用卷积核 3×3、步长为 2 的最大池化（max-pooling）层，经过 fire8 输出的特征图大小为原输入图像尺寸的 1/16。

图 4.2（a）所示为 fire 模块的结构组成。其中 squeeze 层是一个卷积核为 1×1 的卷积层，且通道数量小于上一层输出通道数量，目的是压缩卷积层学习参数；expand 层分左右两个分支，一个是卷积核为 1×1 的卷积层，另一个是卷积核为 3×3 的卷积层，两层输出结果进行串联（concatenation）后作为 fire 模块的总输出，目的是增加通道维数，以获得更好的图像特征表达。Fire 模块有三个可调节的参数，分别是 squeeze 层通道个数 s1、expand 左右两个分支的通道个数 e1 和 e3，SqueezeNet 结构中默认为 e1＝e3＝4s1。

SqueezeNet 网络有三个显著的优点：

（1）使用 1×1 的卷积核代替 3×3 的卷积核，使得网络的学习参数变为原来的 1/9，同时，减少输入至 expand 层的通道数量，这一点类似于 Inception 结构；

（2）设计 fire 模块，fire 模块输入和输出的特征图分辨率不变，仅通道维数发生变化，这一点与 VGGNet 思想一致；

（3）将降采样放在后面的卷积层中，既可以获取更多卷积特征信息，有更好的分辨率，又可以提供更高的分类准确率。

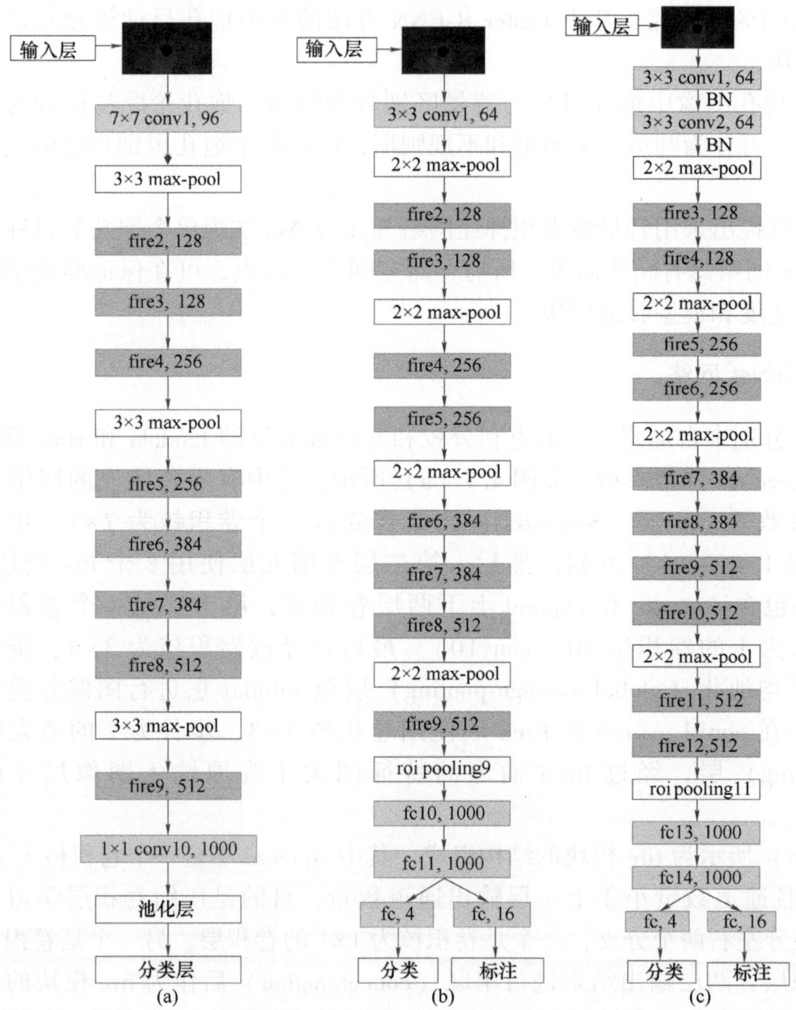

图 4.1 彩图

图 4.1　SqueezeNet 网络结构及其改进
（a）SqueezeNet；（b）SqueezeNet-b；（c）SqueezeNet-d

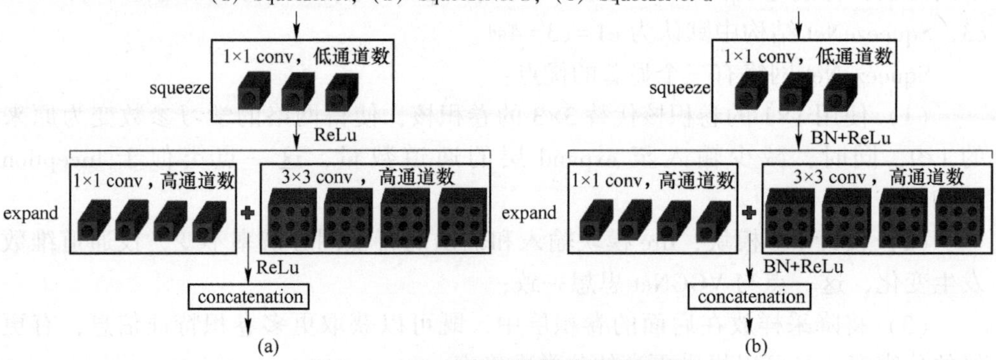

图 4.2　Fire 模块网络结构及其改进
（a）fire module；（b）fire module+BN

SqueezeNet 网络结构详细参数见表 4.1。

表 4.1 SqueezeNet 网络结构及其参数

网络层	输出大小	卷积核	层深	Squeeze 层通道数 1×1	Expand 层通道数		参数量
					1×1	3×3	
输入	224×224×3	—	—	—	—	—	—
conv1	111×111×96	7×7	1	—	—	—	14208
maxpool1	55×55×96	3×3	0	—	—	—	—
fire2	55×55×128	—	2	16	64	64	11920
fire3	55×55×128	—	2	16	64	64	12432
fire4	55×55×256	—	2	32	128	128	45344
maxpool4	27×27×256	3×3	0	—	—	—	—
fire5	27×27×256	—	2	32	128	128	49440
fire6	27×27×384	—	2	48	192	192	104880
fire7	27×27×384	—	2	48	192	192	111024
fire8	27×27×512	—	2	64	256	256	188992
maxpool8	13×13×512	3×3	0	—	—	—	—
fire9	13×13×512	—	2	64	256	256	197184
conv10	13×13×1000	1×1	1	—	—	—	513000
avgpool10	1×1×1000	13×13	0	—	—	—	—

4.1.2 SqueezeNet 网络的改进

4.1.2.1 SqueezeNet 网络结构优化

从调整网络结构和改变输入、输出通道维数的角度，本章首先提出了适用于单个炮孔目标检测的基础网络 SqueezeNet-b，如图 4.1（b）所示。具体改进方法：图像输入大小调整为单个炮孔图像固定尺度 300×300；将 conv1 的卷积核调整为 3×3，步长调整为 1，输出通道数量调整为 64；将 conv10 调整为全连接层 10（fully connected layers 10，FC10），同时在 FC10 之后增加 FC11；在 conv1、fire3、fire5 和 fire8 后使用卷积核 2×2、步长为 2 的 max-pooling 层，经过 fire8 输出的特征图大小为原输入图像尺寸的 1/16；在 fire9 后增加 ROI Pooling 层，输出的特征图大小为 7×7 像素值；在 FC11 之后，增加两个并列的全连接层，分别用于目标分类和位置回归定位。SqueezeNet-b 网络结构详细参数见表 4.2。

表 4.2 SqueezeNet-b 网络结构及其参数

网络层	输出大小	卷积核	层深	Squeeze 层通道数 1×1	Expand 层通道数		参数量
					1×1	3×3	
输入	300×300×3	—	—	—	—	—	—
conv1	300×300×64	3×3	1	—	—	—	1792
maxpool1	150×150×64	2×2	0	—	—	—	—
fire2	150×150×128	—	2	16	64	64	11920
fire3	150×150×128	—	2	16	64	64	12432
maxpool3	75×75×128	2×2	0	—	—	—	—
fire4	75×75×256	—	2	32	128	128	45344
fire5	75×75×256	—	2	32	128	128	49440
maxpool5	37×37×256	2×2	0	—	—	—	—
fire6	37×37×384	—	2	48	192	192	104880
fire7	37×37×384	—	2	48	192	192	111024
fire8	37×37×512	—	2	64	256	256	188992
maxpool9	18×18×512	2×2	0	—	—	—	—
fire9	18×18×512	—	2	64	256	256	197184
ROI Pooling	7×7×512	—	—	—	—	—	—
fc10	7×7×512×1000	—	1	—	—	—	25088000
fc11	1000×1000	—	1	—	—	—	1000000

基于 SqueezeNet-b，通过增加网络层数，提出了更深层的网络 SqueezeNet-d，如图 4.1（c）所示。具体改进方法：在 conv1 之后增加 conv2，卷积核大小为 3×3，步长为 1；将第 4 个 max-pooling 层调整到 fire10 之后；在 ROI Pooling 之前，增加 2 个 fire 模块，为 fire11 和 fire12；此外，在每一个卷积层后增加批归一化层（Batch Normalization，BN），其中包括 fire 模块内部的卷积层，改进的 fire 模块如图 4.2（b）所示。SqueezeNet-d 网络结构详细参数见表 4.3。

表 4.3 SqueezeNet-d 网络结构及其参数

网络层	输出大小	卷积核	层深	Squeeze 层通道数 1×1	Expand 层通道数		参数量
					1×1	3×3	
输入	300×300×3	—	—	—	—	—	—
conv1	300×300×64	3×3	1	—	—	—	1792

续表 4.3

网络层	输出大小	卷积核	层深	Squeeze 层通道数 1×1	Expand 层通道数		参数量
					1×1	3×3	
conv2	300×300×64	3×3	1	—	—	—	36928
maxpool1	150×150×64	2×2	0	—	—	—	—
fire3	150×150×128	—	2	16	64	64	11920
fire4	150×150×128	—	2	16	64	64	12432
maxpool3	75×75×128	2×2	0	—	—	—	—
fire5	75×75×256	—	2	32	128	128	45344
fire6	75×75×256	—	2	32	128	128	49440
maxpool5	37×37×256	2×2	0	—	—	—	—
fire7	37×37×384	—	2	48	192	192	104880
fire8	37×37×384	—	2	48	192	192	111024
fire9	37×37×512	—	2	64	256	256	188992
fire10	37×37×512	—	2	64	256	256	197184
maxpool9	18×18×512	2×2	0	—	—	—	—
fire11	18×18×512	—	2	64	256	256	197184
fire12	18×18×512	—	2	64	256	256	197184
ROI Pooling	7×7×512	—	0	—	—	—	—
fc13	7×7×512×1000	—	1	—	—	—	25088000
fc14	1000×1000	—	1	—	—	—	1000000

4.1.2.2 BN 归一化层

BN 作用原理是对于给定的输入数据，做数据归一化，方法为减去其均值且除以其方差，见式（4.3）；然后，对数据进行平移和缩放处理，见式（4.4）。式（4.4）的作用是对经式（4.3）处理后的数据进行变换重构，确保输入数据的初始特征不会被破坏。Faster R-CNN 模型每批次训练以 mini_batch 数据量为准进行迭代计算，其训练过程中引入 BN 归一化，即为每个 mini_batch 数据按式（4.3）和式（4.4）进行归一化处理。BN 计算原理如下：

$$\mathrm{E}(x) = \frac{1}{n}\sum_{i=1}^{n} x_i \tag{4.1}$$

$$\mathrm{Var}[x] = \frac{1}{n}\sum_{i=1}^{n}(x_i - \mathrm{E}[x])^2 \tag{4.2}$$

$$\hat{x}_i = \frac{x_i - \mathrm{E}[x]}{\sqrt{\mathrm{Var}[x] + \varepsilon}} \tag{4.3}$$

$$y_i = BN_{\gamma,\beta}(x_i) = \gamma\hat{x}_i + \beta \tag{4.4}$$

假设 mini_batch 数据量为 n，式（4.1）~式（4.4）中，x_i 为第 i 个数据，$\mathrm{E}[x]$ 为均值，$\mathrm{Var}[x]$ 为方差，$\hat{x}_i$ 为第 i 个数据归一化后的数据，y_i 为第 i 个数据归一化后平移和缩放的数据。其中 β、γ 为训练参数，ε 为微小常量，当忽略 ε 时，批次训练数据被归一化为均值为 0、方差为 1 的标准正态分布。

网络模型训练以 mini_batch 数据为每批次样本个数，可使得训练获取的模型鲁棒性更好。BN 归一化层的作用主要是防止梯度弥散（或梯度爆炸），加速卷积神经网络训练收敛速度。

4.2　适用于单个炮孔目标检测的 Faster R-CNN 方法

2016 年，自 Faster R-CNN 方法提出以来，其与 ZF-Net、VGG-Net、ResNet 和 DenseNet 等网络相结合，虽然在通用的目标检测数据集上（如 PASCAL VOC、ImageNet 和 MS COCO 等）取得了很好的效果，但诸多学者研究表明，Faster R-CNN 方法不能很好地解决小目标检测问题。

由第 3 章隧道炮孔图像特点分析可知，隧道图像存在围岩背景变化、光照强弱变化和分辨率变化等特点，其炮孔目标存在相对大小变化、形状变化和阴影遮挡等干扰。因此，直接应用 Faster R-CNN 方法进行隧道单个炮孔目标检测其效果较差。分析其原因，具体为：

(1) 阴暗围岩背景和弱光条件下，炮孔目标的分辨率较差，必然导致炮孔的召回率较低；

(2) 单个炮孔图像中存在多种干扰目标，如假炮孔和岩体、支架阴影等，导致炮孔误检率较高；

(3) 单个炮孔小孔径尺度为 20~40 像素值，其炮孔面积占比率非常小，为单幅多个炮孔图像的 4.4‰~17.8‰，且该类炮孔数量约占总统计炮孔数量的 7.0%，因此对于该小目标炮孔识别精确率和召回率均较低。

为此，本章集成图像多尺度输入、自上而下多层特征融合和基于距离约束的 NMS 炮孔过滤算法等改进策略，提出了适用于隧道单个炮孔目标检测的改进 Faster R-CNN 方法。

4.2.1　图像多尺度输入

为实现不同尺度大小炮孔目标的识别与位置标注，模型训练时设置输入图像为变化的尺寸，通过卷积操作学习并提取输入图像中不同尺度大小炮孔的特征。

常用的图像多尺度输入包括以下四种方法。

(1) 建立输入图像金字塔，该方法是将图像缩放为不同尺寸，图像迭代训练过程中每次随机选取一种图像尺寸进行训练。Simonyan 和 Zisserman 使用[256, 512] 尺度范围进行多尺度训练，相比于固定尺度训练，在 ILSVRC-2012 数据集上实现了更好的分类效果。

(2) 将不同尺寸的图像进行多阶段训练，每一阶段使用一种固定的图像尺寸，前一阶段训练权重文件用于后一阶段模型训练参数初始化，最终完成多阶段的训练。

(3) 建立模型金字塔，该方法将不同尺寸的输入图像分别送入同一种深度学习模型进行训练，然后将模型检测结果串联后进行输出。刘宝龙采用 4 种不同的图像尺寸进行模型金字塔训练，其结果在船名标识字符检测精度和召回率上均有较好的效果。

(4) 固定输入图像尺度，使用不同大小的卷积核提取图像特征，然后将特征图合并后进行目标的分类或检测训练。梁令羽等使用该方法用于人类头部的识别，相比于单尺度训练，综合使用 3×3、5×5 和 7×7 卷积核进行多尺度训练，使头部姿态识别准确率平均提高了 6.6%。

对比分析以上四种方法，方法 (1) 和方法 (2) 实现简单，不会提高网络结构的卷积参数，对计算运行速度影响较小，而方法 (3) 存在并行的模型训练过程，计算内存及时间消耗更大；方法 (4) 引入了大卷积核，且在深度学习模型前需增加图像多尺度特征提取网络，增加了网络参数和计算复杂度。因此，本书选用第 (1) 种和第 (2) 种方法实现单个炮孔图像的多尺度输入，如图 4.3 所示。

图 4.3 (a) 所示为图像多尺度输入改进方法 (1)，具体为：首先以单个炮孔图像的边长尺寸 300 为基准，缩小或放大 0.3 倍，设置多种图像输入尺寸[210, 300, 390]，然后每次迭代计算时随机选取一种尺寸进行训练。相比固定尺寸为 300 进行训练，该方法的训练和检测时间变化不大。图 4.3 (b) 所示为图像多尺度输入改进方法 (2)，具体为：首先固定单个炮孔图像尺寸为 390，迭代训练一定的次数，然后调整输入尺寸为 300，使用上一阶段训练完成的网络参数进行初始化，继续训练直至结束。需要说明的是，将输入图像尺寸放大，可以使模型提取到原图像中更小的目标，但该方法也会增加计算量，使得计算运行时间增加。因此，本书方法二中训练阶段一与训练阶段二模型迭代训练次数设置比例为 1 : 2。

4.2.2 自上而下多层特征融合

对于单个炮孔图像，小尺寸炮孔多为 20×20 ~ 40×40 像素值，经过

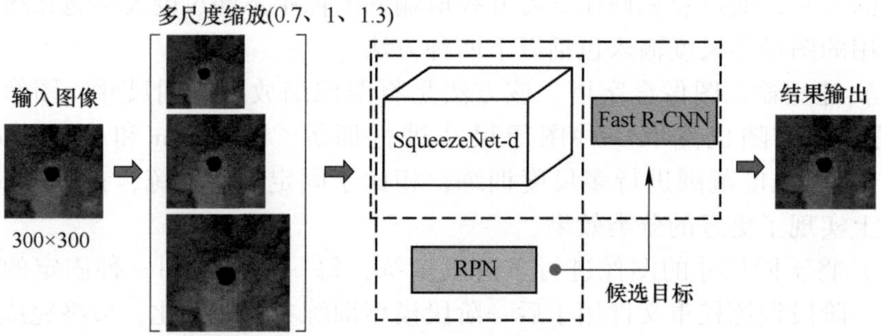

(a)

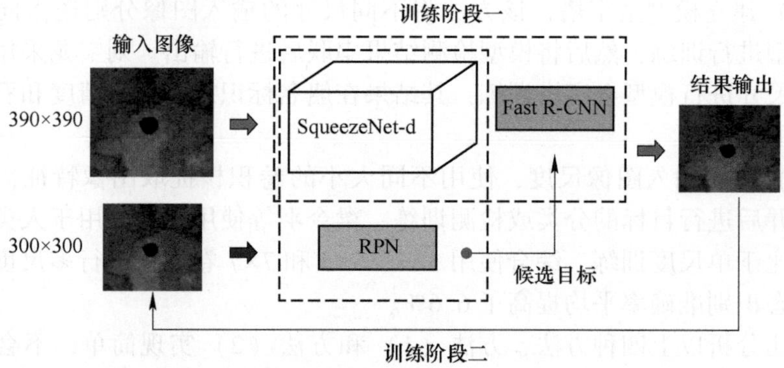

(b)

图 4.3　考虑图像多尺度输入的 Faster R-CNN 改进方法

(a) 方法 (1)；(b) 方法 (2)

SqueezeNet-d 网络需进行 4 次降采样操作，降采样幅度为 16，至最后一层卷积层时，小尺寸炮孔对应的特征区域为 1×1～2×2，再经过 ROI Pooling 层后，该 1×1～2×2 的目标特征区域被上采样为 7×7 的区域，致使特征粒度粗糙，因此小尺寸炮孔目标容易被漏检。

诸多研究表明，CNN 中浅层特征图对目标的轮廓、形状、颜色及纹理等有更好的响应，而高层特征图可以提取目标更抽象的语义信息。由于 CNN 中存在降采样和池化操作，随着网络层数越来越深，特征图的分辨率越来越低。因此，许多学者提出利用 CNN 中高层的语义信息去优化浅层信息，这样通过融合浅层与深层的卷积特征信息可以实现小尺寸目标的有效检测。王海屹、Hypernet 提出对浅层、高分辨率特征图采取最大池化操作，对深层、低分辨率特征图进行反卷积操作，然后调整浅层与深层特征图至相同的尺寸和维度，串联后用于目标检测。Zhong 等、徐昕军以 VGG-16 为例，分别对 conv3-3、conv4-3 和 conv5-3 进行 ROI Pooling 操作，获得多层 7×7×512 的特征图，串联后经过卷积核为 1×1 的卷积层进行降维，然后用于文本图像或铁路病害检测。孙浩泽采用 VGG-16，分别将 conv3-3、conv4-3、conv5-3 和 maxpool5 输入到 RPN 网络，分别在浅层和深层特征图上提取候选目标，对不同尺寸的坦克目标实现了较高的检测率和召回率。

借鉴以上多层特征融合的思想，本书提出了自上而下的多层特征融合方法，如图 4.4 所示。由于卷积层相邻特征图的相关性较大，融合后对目标检测性能的提升效果有限。因此，本书将第 4 次降采样后的特征图自上而下经 2 次上采样后与第 2 次降采样后的特征图相连接，然后用于炮孔目标候选区域的提取、分类与位置标注。具体实施过程为：

（1）首先将 fire12 输出的特征图上采样至与 fire10 输出的特征图大小相同，两者进行 concatenation，然后经过 BN 归一化处理，最后再经过卷积核为 1×1 的卷积层将输出降维为 512 通道；

（2）将上一阶段（1）输出的特征图再次上采样至与 fire6 输出的特征图大小相同，两者进行 concatenation，然后经过 BN 归一化处理，最后再经过卷积核为 1×1 的卷积层将输出降维为 512 通道；

（3）将（2）的输出特征图进行一次 max-pooling 操作，然后输入到 RPN 候选区域选择网络和 Fast R-CNN 炮孔目标检测子网络，实现单个炮孔的识别和位置精确定位。

其中进行一次 max-pooling 操作的原因是：若进行 2 次降采样，降采样幅度为 4，此时输出特征图尺寸为 75×75，在该特征图上进行炮孔识别和定位造成计算耗时；若进行 3 次降采样，降采样幅度为 8，此时，输出特征图尺寸为 37×37，且最小尺度炮孔对应的特征区域为 2×2～5×5，适合炮孔目标提取，且计算耗时更少。

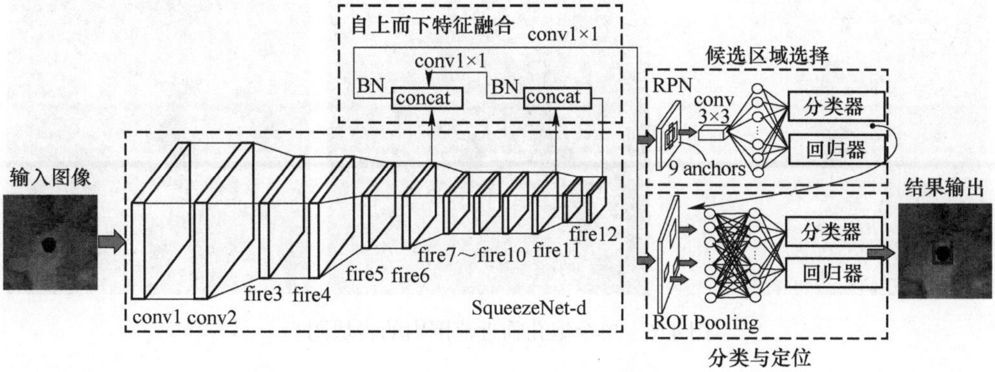

图 4.4 考虑自上而下多层特征融合的 Faster R-CNN 框架

4.2.3 基于距离约束的 NMS 炮孔过滤算法

当人们在辨识炮孔目标时，除了依靠炮孔的轮廓、形状、颜色等特征辨别真伪以外，还会根据多个目标相对位置关系确定最终目标。隧道炮孔实际钻设过程中，常会出现炮孔位置微调整的情况，其原因主要包括三点：

(1) 围岩较硬，钻进困难；

(2) 围岩较破碎，造成钻头卡壳；

(3) 钻孔技术人员自身判断炮孔位置不当。

最终导致单个炮孔临近一定距离内（小于炮孔间距）出现假炮孔，如图 4.5 所示。

图 4.5　单个炮孔临近范围内的假炮孔

另外一种情况是，当围岩岩体较破碎时，掌子面平整度较差，在炮孔钻设过程中，受钻机振动或其他施工扰动因素的影响，炮孔周围常存在破碎的小岩块，其中凸起岩块的阴影类似于炮孔，造成炮孔的误检，如图 4.6 所示。

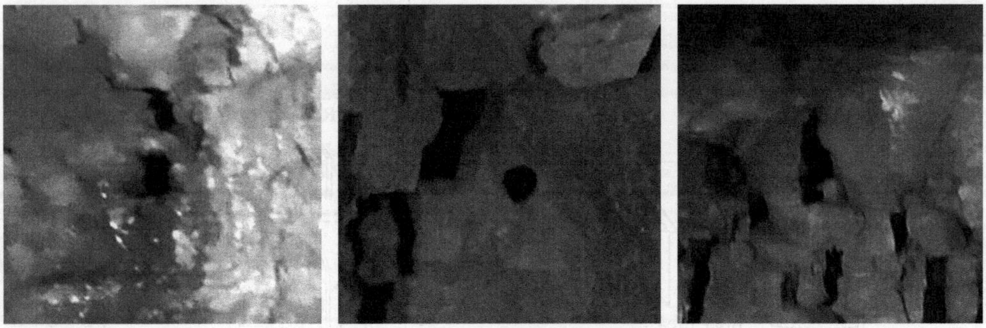

图 4.6　单个炮孔临近范围内的岩块阴影

为解决以上问题，本书基于 NMS 算法，通过增加距离约束条件，提出了剔除单个炮孔周围假炮孔和伪炮孔的过滤算法，以提高炮孔目标最终检测的精确率。基于距离约束的 NMS 炮孔过滤算法示例，如图 4.7 所示。首先，针对单个炮孔图像，采用改进的 Faster R-CNN 方法识别并标注图中所有可能的炮孔目标，如图 4.7（a）所示；其次，引入 NMS 算法，将所有预测目标按概率得分从大到小排序，并选取最高得分目标记为 k_1；然后基于该预测框左上角坐标（$x_{1,1}$，$y_{1,1}$）和右下角坐标（$x_{1,2}$，$y_{1,2}$）计算其中心点坐标（$x_{1,0}$，$y_{1,0}$）；之后引入约束距离 r，以中心点（$x_{1,0}$，$y_{1,0}$）为圆心，以 r 为半径画圆，如图 4.7（b）所示；最后，计算其他预测框 k_i（$i=2$，…，n）中心点（$x_{i,0}$，$y_{i,0}$）与 k_1 中心点（$x_{1,0}$，$y_{1,0}$）的距离 d，判断若 $d<r$，则剔除该目标框 k_i，否则保留该目标框 k_i，如图 4.7（c）所示。

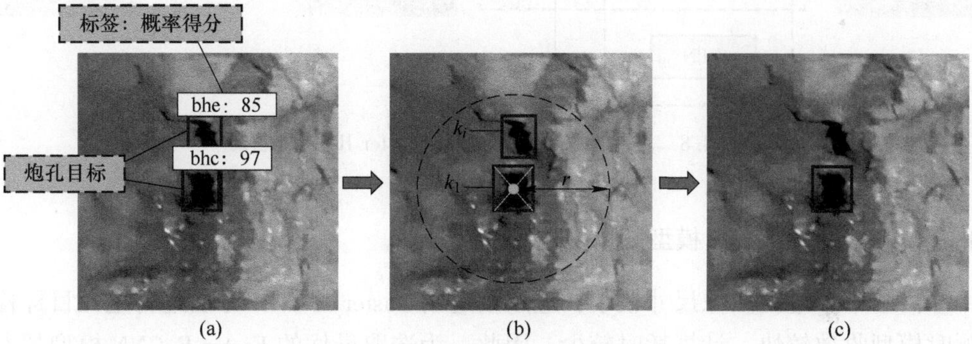

图 4.7 基于距离约束 NMS 炮孔过滤算法示例

基于距离约束的 NMS 炮孔过滤算法具体流程见表 4.4。

表 4.4 基于距离约束的 NMS 炮孔过滤算法流程

算法：基于距离约束的 NMS 炮孔过滤算法
①输入。应用深度学习方法获取的单个炮孔目标检测最终目标框个数和概率得分。记为：检测框集合 $K=\{k_1, \cdots, k_n\}$、检测框对应的概率分数集合 $S=\{s_1, \cdots, s_n\}$，约束距离 r。
②初始化：将集合 K 按照集合 S 中对应的分数由大到小排序，选取 $k_{max}=k_1$。
③计算中心点坐标：基于检测框 k_i 的左上角（$x_{i,1}$，$y_{i,1}$）和右下角坐标（$x_{i,2}$，$y_{i,2}$），计算获得其中心点坐标：
（$x_{i,0}$，$y_{i,0}$），$x_{i,0}=(x_{i,2}-x_{i,1})/2$，$y_{i,0}=(y_{i,2}-y_{i,1})/2$。
④计算 k_1 与 k_i 的框间距：$d_i=((x_{1,0}-x_{i,0})\hat{}2+(y_{1,0}-y_{i,0})\hat{}2)\hat{}(1/2)$。
⑤炮孔目标过滤：
$i=2$
while $d_i<r$ do
$K=K-k_i$
$i=i+1$
End while
⑥输出：K

注：表中的 r 和 d_i 为像素值距离。

综上所述，增加距离约束 NMS 炮孔过滤算法的 Faster R-CNN 炮孔目标检测方法如图 4. 8 所示。

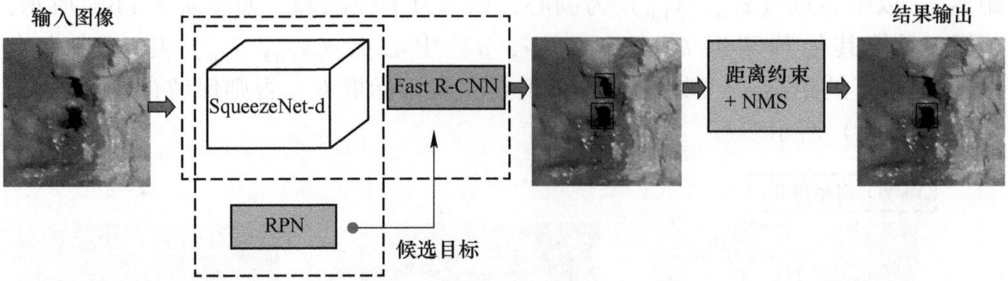

图 4. 8　增加距离约束 NMS 的 Faster R-CNN 框架

4. 2. 4　Faster R-CNN 模型超参数选取

由于单个炮孔图像尺寸较小，应用改进的 Faster R-CNN 方法进行炮孔目标检测时模型收敛较快、计算耗时较少。因此，为选取最优的 Faster R-CNN 模型超参数以适用于炮孔目标检测的特征需求，本节采用控制变量法进行超参数取值的选取。本节讨论的模型超参数包括训练迭代次数（iterations）、锚框数量（anchors）、NMS 筛选检测框最大数量（max_boxes）、变更学习率（learning rate，lr）策略、分类置信度最小阈值（classifier_min_overlap_threshold，cmot）和重合度阈值（overlap_threshold）。

（1）iterations。

深度学习模型训练时，通常采用 MBGD 算法，把整个样本训练集划分为若干个小的训练集（mini_batch），一个 mini_batch 图像样本每迭代训练一次（一次前向传播和一次后向传播）引起模型网络参数更新一次。显然，模型训练迭代次数越多，网络参数优化更新次数越多，对应的计算时间也越长。如何确定一个合适量级的训练迭代次数，使得模型的网络参数可以有效用于炮孔目标识别与位置标注，同时也可以尽量缩短计算时间消耗，则至关重要。对比，本书设计了 3 种 iterations 取值，即①100000 次、②150000 次、③300000 次。

（2）anchors。

RPN 候选目标选取网络中锚框数量及尺度大小的选取直接影响目标候选区域的生成，是一个非常重要的超参数。原基础 Faster R-CNN 方法使用 9 个锚框，锚框尺度为 128×128、256×256 和 512×512，锚框长宽比为 1∶1、1∶2 和 2∶1。由于单个炮孔的尺寸为 20~180 像素值，炮孔形状多为圆形或近似圆形，因此炮孔候选目标的锚框尺度和长宽比与基础 Faster R-CNN 的不同，其锚框长宽比取为 1∶1 即可。因此，本书设计了 3 种 anchors 取值的实验工况：

①anchors=3，尺度为 32×32、144×144 和 256×256，锚点长宽比为 1∶1；

②anchors=5，尺度为 20×20、60×60、120×120、160×160、200×200，锚点长宽比为 1∶1；

③anchors=15，尺度为 20×20、60×60、120×120、160×160、200×200，锚点长宽比为 1∶1、1∶2 和 2∶1。

（3）max_boxes。

原基础 Faster R-CNN 方法中输入图像最小边长设置为 600，经 RPN 网络生成数万至数十万个候选目标区域，后经 RPN 阈值、Fast R-CNN 阈值和 NMS 筛选，最终只保留 max_boxes = 300 个候选目标。本章单个炮孔图像尺度为 300×300，SqueezeNet-b 网络降采样幅度为 16，则经过基础 CNN 输出的特征图大小为 18×18，若考虑特征图每个位置提取 15 个 anchors，则 RPN 网络会遍历生成 4860 个候选目标区域。SqueezeNet-d 网络降采样幅度为 8，经过基础 CNN 输出的特征图大小为 37×37，此时 RPN 网络最多会遍历生成 20535 个候选目标区域。相比原基础 Faster R-CNN，本书目标候选区域数量明显减少，因此，本书设置更小的 max_boxes 取值进行对比实验：①max_boxes = 100；②max_boxes = 150；③max_boxes = 300。

（4）learning rate。

深度学习模型通常由随机梯度下降算法进行训练。学习率通过调整损失函数的梯度大小进而调整网络参数的更新速度。学习率越小，损失函数的变化速度越慢，优化过程耗费的时间也越长。如果学习率较大，训练结果可能不收敛。通常解决以上问题的思路是，训练开始设置较大的学习率，随着训练进程，每间隔一定的训练次数调整学习率变小。目前，常用的学习率变更策略有：①fixed，即固定学习率，该方法仅设置初始学习率一个参数即可；②step，即均匀降低学习率，需要设置初始学习率和降低倍数；③multistep，即非均匀降低学习率，需要设置初始学习率、降低倍数和降低间隔次数；④poly，设置 new_lr = base_lr×(1-iter/maxiter)^(power)，学习率曲线的形状主要由参数 power 的值来控制。式中，new_lr 待更新学习率，base_lr 为初始学习率，iter 为当前训练迭代次数，maxiter 总训练迭代次数。原基础 Faster R-CNN 方法采用 fixed 方法，本书选用 step 方法，设计对比 3 种实验工况：①base_lr = 1×10^{-4}，每迭代训练 50000 次，缩小 0.1 倍；②lr = 1×10^{-5}，固定不变；③base_lr = 1×10^{-5}，每迭代训练 100000 次，缩小 0.1 倍。

（5）classifier_min_overlap_threshold（cmot）。

原基础 Fast R-CNN 方法分类阈值涉及一个重要参数，即分类置信度最小阈值，且默认 cmot = 0.1。其作用是判定小于该阈值的预测框为容易判断的背景框，予以删除。显然，该阈值设置得越小，则经过筛选后会获得相对较多的预测框。

但该阈值设置的越大，又会过多地剔除复杂背景候选框，最终影响模型的精确率和鲁棒性。本书设计 4 种不同 cmot 取值进行对比试验，为：①cmot = 0. 05；②cmot = 0. 1；③cmot = 0. 15；④cmot = 0. 2。

（6）overlap_threshold。

NMS 候选框筛选算法涉及一个重要参数，为重合度阈值，原基础 Fast R-CNN 方法默认 overlap_threshold = 0. 7。NMS 算法执行过程为：首先计算局部范围内得分极大值预测框与其他非极大值预测框的交并比，判断该交并比与重叠率阈值的大小关系，最终删除交并比大于该重叠率阈值的非极大值预测框。因此，该阈值设置得越小，则经过筛选后会获得越少的预测框。本书设计 3 种不同取值：①overlap_threshold = 0. 5；②overlap_threshold = 0. 6；③overlap_threshold = 0. 7。

综上所述，本书改进 Faster R-CNN 模型超参数实验细节见表 4. 5。

表 4. 5　Faster R-CNN 模型超参数实验细节

参数类型	实验细节	实验工况
iterations	①100000；②150000；③300000	3
anchors	①3，尺度为 32×32、144×144 和 256×256，锚点长宽比为 1 : 1；②5，尺度为 20×20、60×60、120×120、160×160、200×200，锚点长宽比为 1 : 1；③15，尺度为 20×20、60×60、120×120、160×160、200×200，锚点长宽比为 1 : 1、1 : 2 和 2 : 1	3
max_boxes	①100；②150；③300	3
learning rate	①base_lr = 1×10^{-4}，每迭代训练 50000 次，缩小 0. 1 倍；②lr = 1×10^{-5}，固定不变；③base_lr = 1×10^{-5}，每迭代训练 100000 次，缩小 0. 1 倍	3
cmot	①0. 05；②0. 1；③0. 15；④0. 2	4
overlap_threshold	①0. 5；②0. 6；③0. 7	3

4. 2. 5　Faster R-CNN 模型总结构

应用改进 SqueezeNet-d 轻量级卷积神经网络，集成图像多尺度输入、自上而下多层特征融合和基于距离约束的 NMS 炮孔过滤算法等策略，本书设计了适用于单个炮孔目标检测的总体 Faster R-CNN 模型，如图 4. 9 所示。

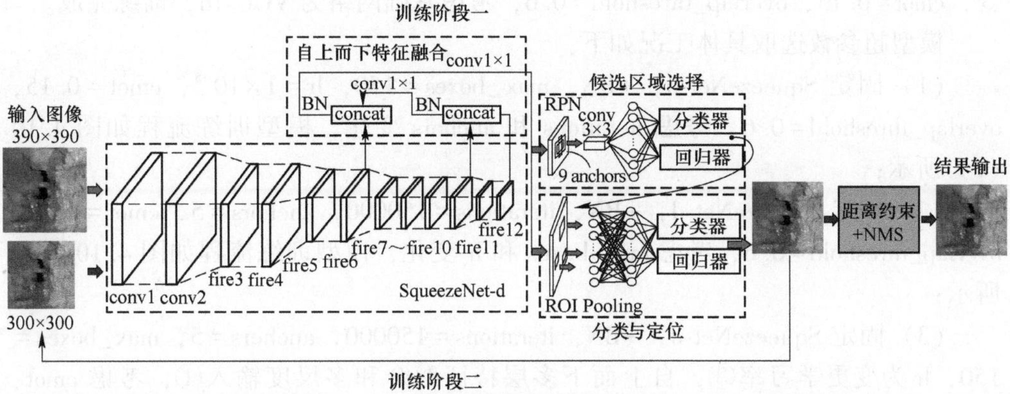

图 4.9　适用于单个炮孔目标检测的 Faster R-CNN 总体框架

4.3 模型训练

4.3.1 模型训练细节

模型训练实验环境是 64 位 CentOS（Community Enterprise Operating System）7.4 操作系统，计算机 Intel Xeon（R）CPU E5-2620 v4@ 2.10GHz×32 和 NVIDIA GTX1080 GPU，显存为 8G，使用 CUDA9.2 和 cuDNN7.3 加速。改进的 Faster R-CNN 炮孔目标检测模型采用开源的深度学习框架 TensorFlow 和 Kreas 搭建，基础网络包含 SqueezeNet-b、SqueezeNet-d 和 VGG-16。在此基础上，考虑图像多尺度输入、自上而下多层特征融合、基于距离约束的 NMS 炮孔过滤算法和模型超参数选取，本章进行了多次模型训练与测试。模型的基本学习率为 1×10^{-5}，动量因子为 0.9，权重衰减因子为 0.0005。所有的新增卷积层均采用零均值、标准差为 0.01 的高斯分布进行随机初始化完成。

上述所有模型均基于本书新建立的单个炮孔图像数据集进行训练与测试，单个炮孔图像数据集统计分类详见表 3.1。炮孔标签类型为 bhc、bhe 和 bhi。

模型训练具体工况如下：

（1）固定 iterations = 150000，anchors = 5，max_boxes = 150，lr = 1×10^{-5}，cmot = 0.15，overlap_threshold = 0.6，考虑改进的 SqueezeNet 和 BN 归一化变化，模型训练流程如图 4.10（a）所示；

（2）固定 SqueezeNet-d，+BN，iterations = 150000，anchors = 5，max_boxes = 150，lr 为变更学习率③，cmot = 0.15，overlap_threshold = 0.6，考虑自上而下多层特征融合和多尺度输入，模型训练流程如图 4.10（b）所示；

（3）固定 iterations = 150000，anchors = 5，max_boxes = 150，lr 为变更学习率

③，cmot = 0. 15，overlap_threshold = 0. 6，考虑基础网络为 VGG-16，训练完成。

模型超参数选取具体工况如下：

（1）固定 SqueezeNet-d，+BN，max_boxes = 150，lr = 1×10^{-5}，cmot = 0. 15，overlap_threshold = 0. 6，考虑 iterations 和 anchors 变化，模型训练流程如图 4. 10（c）所示；

（2）固定 SqueezeNet-d，+BN，iterations = 150000，anchors = 5，cmot = 0. 15，overlap_threshold = 0. 6，考虑 max_boxes 和 lr 变化，模型训练流程如图 4. 10（d）所示；

（3）固定 SqueezeNet-d，+BN，iterations = 150000，anchors = 5，max_boxes = 150，lr 为变更学习率③，自上而下多层特征融合和多尺度输入①，考虑 cmot、overlap_threshold 变化和引入基于距离约束的 NMS 算法，模型训练流程如图 4. 10（e）所示。

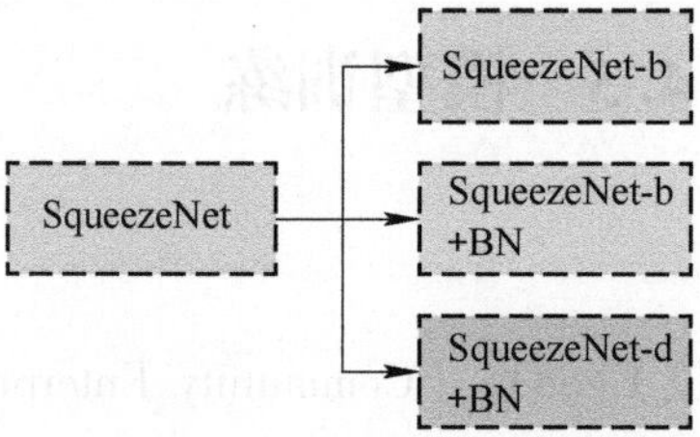

(a)

(b)

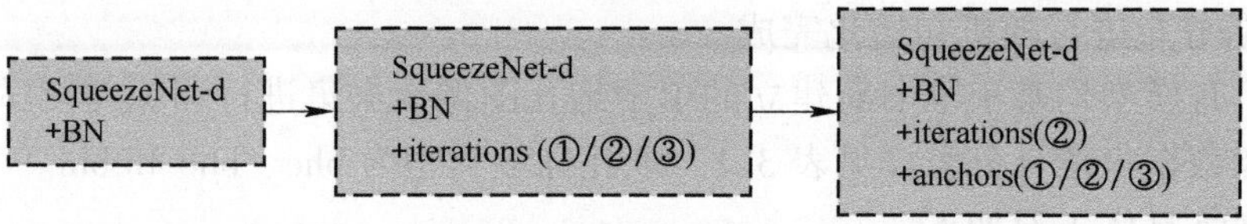

(c)

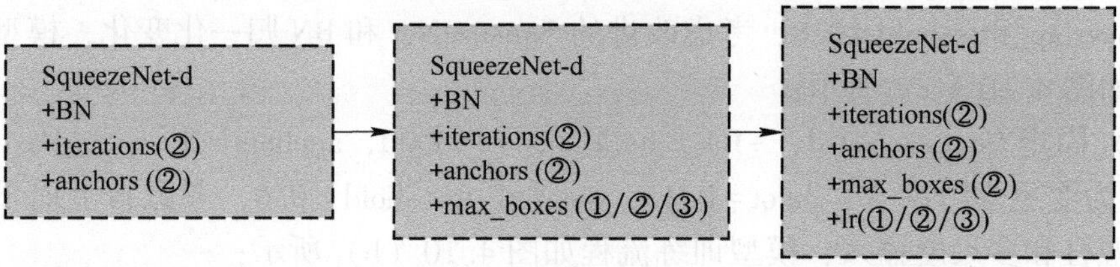

(d)

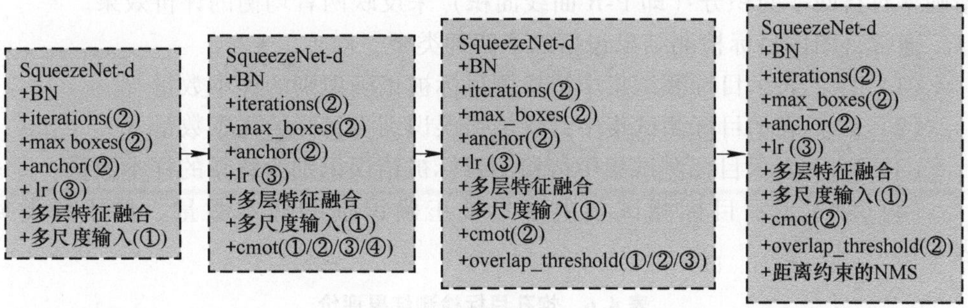

(e)

图 4.10　Faster R-CNN 模型改进策略及超参数训练工况

（a）考虑基础网络和 BN 归一化变化；（b）考虑多层特征融合和多尺度输入；（c）考虑 iterations 和 anchors 变化；（d）考虑 max_boxes 和 lr 变化；（e）考虑 cmot 和 overlap_threshold 变化以及引入距离约束的 NMS 算法

4.3.2　模型训练步骤

改进的 Faster R-CNN 炮孔目标检测模型训练时，若不考虑炮孔图像多尺度输入，则其训练步骤参照原基础 Faster R-CNN 的四步交替训练方法，详见 2.2.2 小节。若考虑炮孔图像多尺度输入，模型训练具体步骤如下。

（1）首先将单个炮孔图像尺寸放大为 390×390 像素值，作为模型的输入，训练迭代次数 50000 次。其中使用 ImageNet 训练完成的模型参数进行初始化，采用原基础 Faster R-CNN 四步交替训练方法训练 RPN 网络和 Fast R-CNN 网络。

（2）采用单个炮孔图像正常尺寸 300×300 像素值，作为模型的输入，训练迭代次数 100000 次。其中使用第（1）阶段训练获得的模型参数进行初始化，采用原基础 Faster R-CNN 四步交替训练方法训练 RPN 网络和 Fast R-CNN 网络。

（3）采用增加距离约束的 NMS 炮孔过滤算法，对第（2）阶段获得的炮孔预测框进行筛选，输出炮孔目标检测最终结果。

4.4　性能验证与结果分析

4.4.1　评价指标

目前，最通用的深度学习模型定量评价指标主要包括精确率（Precision，P）、召回率（Recall，R）、平均精确率（Average Precision，AP）和平均精确率均值（mean Average Precision，mAP）。其中精确率也称查准率，衡量一个结果的精确度，召回率也称查全率，衡量一个结果的完整性。理想状态下，精确率和召回率都越高越好，但精确率和召回率具有负相关性，表现为精确率较高时，召回率较差；反之，召回率较高时，精确率较差。因此，通过引入 AP 指标，也就是精确率对召回率的积分（即 P-R 曲线面积）来反映两者均衡的评价效果。

通常，图像目标检测结果包括以下四种类型。

（1）TP：表示目标测试集中待检测目标被正确识别的样本数量。

（2）FP：表示目标测试集中背景被错误识别为目标的样本数量。

（3）FN：表示目标测试集中待检测目标被错误识别为背景的样本数量。

（4）TN：表示目标测试集中背景被正确识别的样本数量。具体分类见表4.6。

表 4.6　炮孔目标检测结果评价

目标检测任务		目标真实分类	
		正样本	负样本
目标检测结果	检测到	目标正确检测（TP）	背景误检测（FP）
	未检测到	目标漏检测（FN）	背景正确检测（TN）

基于以上分析，Precision 公式见式（4.5）：

$$\text{Precision}=\frac{TP}{TP+FP} \tag{4.5}$$

Recall 公式见式（4.6）：

$$\text{Recall}=\frac{TP}{TP+FN} \tag{4.6}$$

AP 计算参考 PASCAL VOC CHALLENGE 的计算方法，为 11 个 Recall 值对应的 Rrecision 均值，Recall = {0，0.1，0.2，0.3，0.4，0.5，0.6，0.7，0.8，0.9，1}，公式见式（4.7）：

$$AP=\frac{1}{11}\sum_{R\in\{0,\ 0.1,\ \cdots,\ 1\}}P(R) \tag{4.7}$$

由于隧道炮孔的数量、间距等参数对爆后隧道轮廓成型和超欠挖影响最为明显，因此对于隧道炮孔图像的目标检测，最重要的是能成功检测出炮孔目标，保证召回率，其次是避免过多的误检炮孔。为了客观量化本书实验中炮孔目标检测模型的性能，本书使用精确率 Precision 和召回率 Recall 作为评价指标。

4.4.2　结果分析

4.4.2.1　不同改进策略炮孔目标检测结果对比

A　基础网络和 BN 归一化

改进的轻量级网络 SqueezeNet-b 和 SqueezeNet-d 以及引入 BN 归一化层后，不同 Faster R-CNN 模型训练过程中，其分类和回归损失随训练迭代次数的收敛曲线，如图 4.11 所示。从图 4.11 可以看出，训练集炮孔样本的分类和回归损失随迭代计算进程不断减小，训练初期减小幅度较大，训练后期变化较小且趋于稳定。对比分析不同基础网络模型的损失收敛曲线可知，引入 BN 归一化层有利于降低分类和回归损失曲线的震荡，加速收敛，最终收敛值更小。

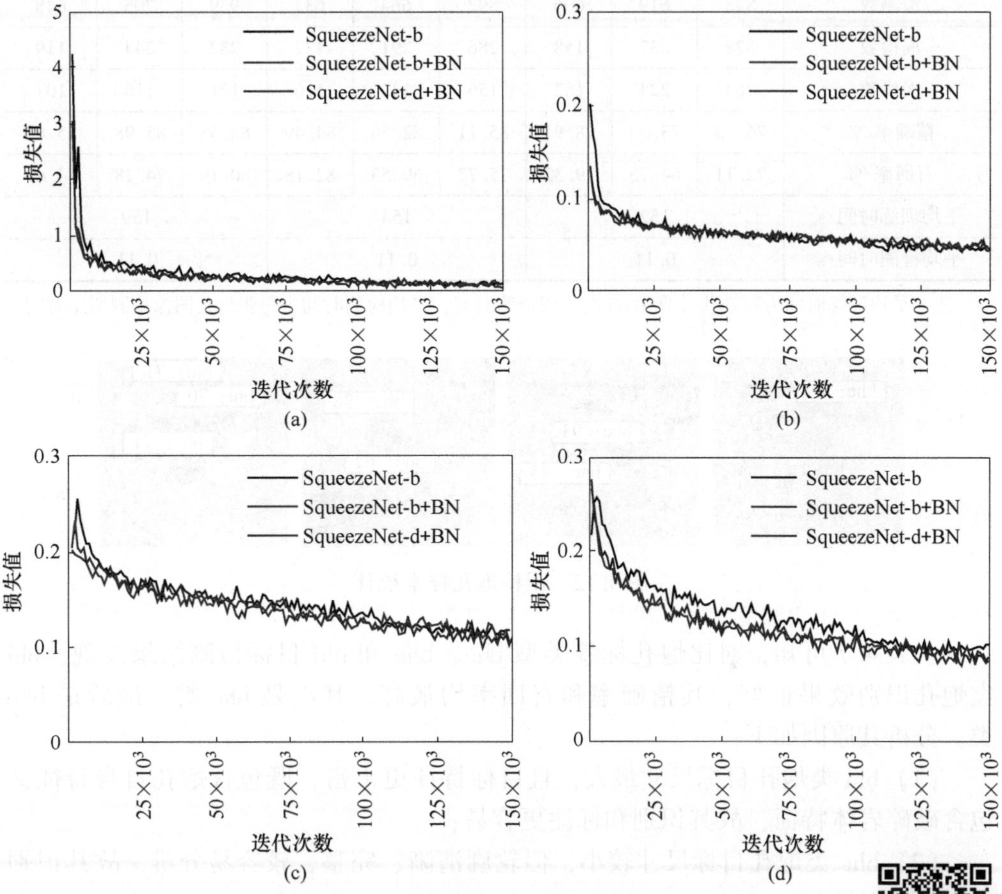

图 4.11 损失函数随训练迭代次数的变化曲线

（a）RPN 层分类损失；（b）RPN 层边框回归损失；

（c）Fast R-CNN 全连接层分类损失；（d）Fast R-CNN 全连接层边框回归损失

图 4.11 彩图

针对隧道单个炮孔图像，不同基础网络模型所得炮孔目标检测结果见表 4.7。需要说明的是，表 4.7 中炮孔误检数样本统计包括两种情况：

（1）炮孔目标未被识别，但有围岩背景误检为炮孔目标；

（2）炮孔目标被成功识别，但同时也包含围岩背景误检目标，结果示例如图 4.12 所示。

表 4.7　单个炮孔目标检测结果

各类指标	SqueezeNet-b			SqueezeNet-b+BN			SqueezeNet-d+BN		
	bhc	bhe	bhi	bhc	bhe	bhi	bhc	bhe	bhi
数量	1220	1020	800	1220	1020	800	1220	1020	800
检测数	848	619	606	892	664	632	939	705	648
漏检数	328	337	158	286	291	137	232	244	119
误检数	263	224	162	156	142	116	121	115	107
精确率/%	76.33	73.43	78.91	85.11	82.38	84.49	88.58	85.98	85.83
召回率/%	72.11	64.75	79.32	75.72	69.53	82.18	80.19	74.28	84.49
平均训练时间/s	152			154			159		
平均检测时间/s	0.11			0.11			0.11		

注：平均训练时间为每迭代计算 1000 次所用训练时间；平均检测时间为每张炮孔图像检测所用时间。

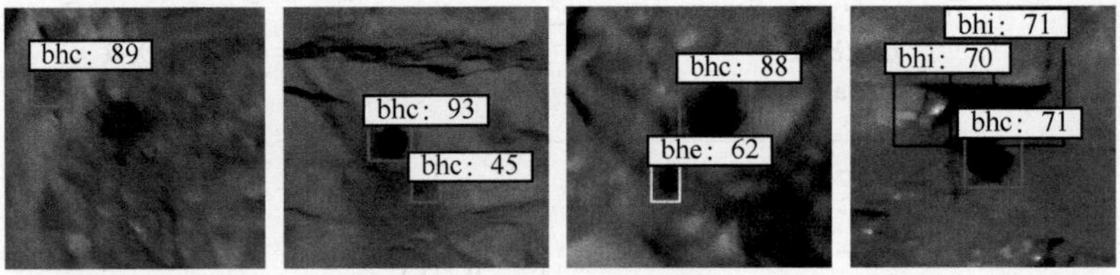

图 4.12　误检炮孔样本统计

从表 4.7 可知，对比炮孔标签类型 bhc、bhe 和 bhi 目标检测结果发现，bhi 类炮孔识别效果最好，其精确率和召回率均最高，其次是 bhc 类，最后是 bhe 类。分析其原因如下：

（1）bhi 类炮孔目标尺寸最大，且目标特征更丰富，既包含炮孔自身特征又包含破碎岩体特征，故其识别和标注更容易；

（2）bhc 类炮孔目标尺寸较小，但轮廓清晰、完整，较容易分辨，故其识别和标注相对简单；

（3）bhe 类炮孔目标尺寸与 bhc 类相当，但其轮廓分辨率略差且目标形状存在差异，故其识别和标注最为困难。

进一步，对比分析基础网络 SqueezeNet-b 和 SqueezeNet-b+BN 的炮孔目标检测结果发现，引入 BN 归一化后有助于提升炮孔目标检测效果，其精确率提高了 8.95%，召回率提高了 4.78%。这是因为 BN 归一化可以显著减小输入数据不同分布对网络训练的影响，使网络参数更新更快，模型的鲁棒性更好。最后，对比分析 SqueezeNet-b+BN 和 SqueezeNet-d+BN 的炮孔目标检测结果发现，增加卷积层层数和将最大池化层后移有助于提升炮孔目标检测效果，其精确率最大提高了 3.59%，召回率最大提高了 4.76%。

从平均训练时间角度可以发现，SqueezeNet-d+BN 的时间消耗最多，表明增加卷积层层数导致网络参数增多，使模型训练收敛速度变慢。

B 多层特征融合及多尺度输入

本书模型对基础网络进行了 4 次降采样操作，直接用于炮孔目标检测导致大量小尺寸炮孔目标被漏检，为此本书提出了自上而下多层特征融合和多尺度输入的方法。实验中先验证多层特征融合方法，再对比分析多尺度输入改进策略。图 4.13 为相应的改进策略下模型分类和回归损失随训练迭代次数的收敛曲线。从图 4.13 可以看出，多尺度输入-①方法的分类和回归损失收敛曲线最终收敛值较大，而多层特征融合方法与多尺度输入-②方法其模型损失收敛曲线最终收敛值较小，二者变化趋势相同且差值较小。其中多尺度输入-②方法的损失曲线在 iterations = 50000 次时出现跳动，原因是此时对应单个炮孔图像训练第 2 阶段，即为 300×300 炮孔图像输入时刻。

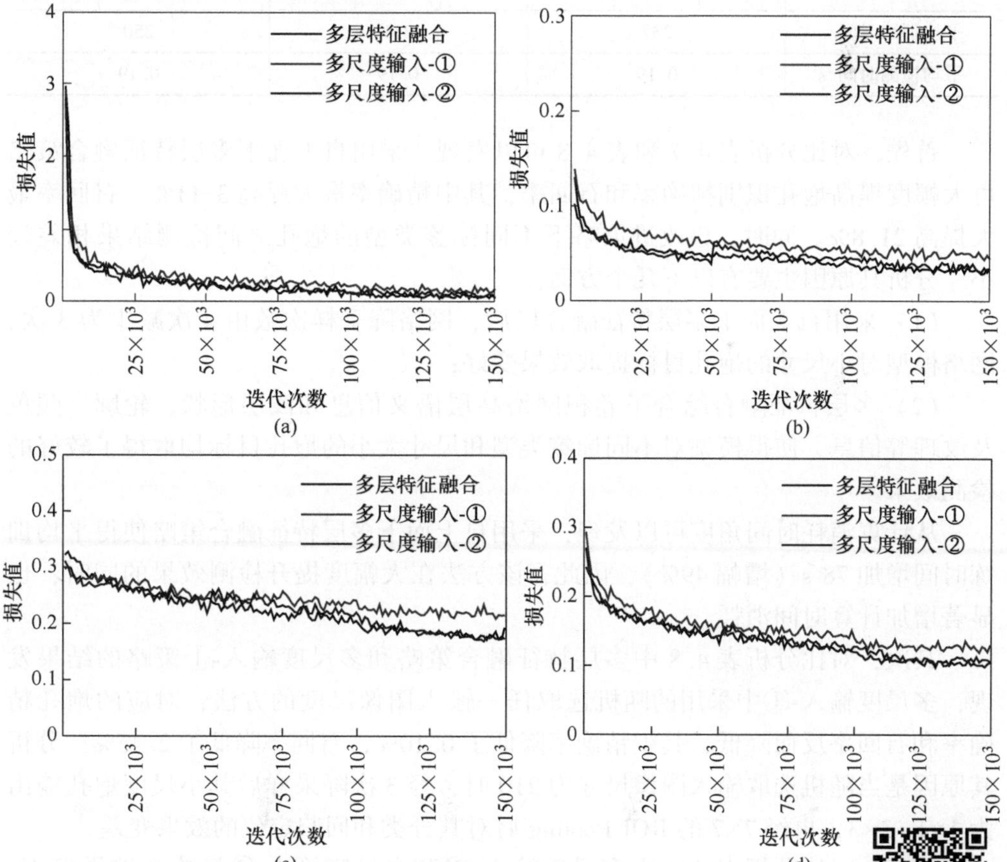

图 4.13 损失函数随训练迭代次数的变化曲线

(a) RPN 层分类损失；(b) RPN 层边框回归损失；

(c) Fast R-CNN 全连接层分类损失；(d) Fast R-CNN 全连接层边框回归损失

图 4.13 彩图

针对隧道单个炮孔图像，以上不同改进策略所得炮孔目标检测结果见表 4. 8。

表 4. 8　单个炮孔目标检测结果

各类指标	多层特征融合			多尺度输入-①			多尺度输入-②		
	bhc	bhe	bhi	bhc	bhe	bhi	bhc	bhe	bhi
数量	1220	1020	800	1220	1020	800	1220	1020	800
检测数	1175	980	775	1147	955	756	1199	994	783
漏检数	45	40	25	73	65	44	21	26	17
误检数	122	126	97	120	124	94	132	130	101
精确率/%	90. 59	88. 61	88. 88	90. 53	88. 51	88. 94	90. 08	89. 43	88. 57
召回率/%	96. 31	96. 08	96. 88	94. 02	93. 63	94. 50	98. 28	97. 45	97. 88
平均训练时间/s	237			261			250		
平均检测时间/s	0. 19			0. 19			0. 19		

首先，对比分析表 4. 7 和表 4. 8 可以发现，采用自上而下多层特征融合策略可大幅度提高炮孔识别精确率和召回率，其中精确率最大提高 3. 11%，召回率最大提高 21. 8%。同时，该改进策略下不同标签类型的炮孔之间检测结果相差较小。分析其原因主要有以下几个方面：

(1) 采用自上而下多层特征融合以后，网络降采样次数由 4 次减少为 3 次，网络模型对小尺寸的炮孔目标提取效果变好；

(2) 多层特征融合综合了卷积网络高层语义信息和浅层形状、轮廓、颜色及纹理等信息，使得模型对不同标签类型和尺寸大小的炮孔目标均取得了较好的检测效果。

从计算消耗时间角度可以发现，采用自上而下多层特征融合策略使得平均训练时间增加 78 s（增幅 49%），因此，该方法在大幅度提升检测效果的同时，也显著增加计算时间消耗。

其次，对比分析表 4. 8 中多层特征融合策略和多尺度输入-①策略的结果发现，多尺度输入-①中采用的随机选取任一输入图像尺度的方法，对应的炮孔精确率和召回率反而降低，其中精确率降低了 0. 10%，召回率降低了 2. 45%。分析其原因是当随机选取输入图像尺寸为 210 时，经 3 次降采样后其小尺度炮孔输出为 1×1～3×3，再经 7×7 的 ROI Pooling 后对其分类和回归定位的效果变差。

最后，对比分析表 4. 8 中多尺度输入-①和多尺度输入-②策略的结果发现，多尺度输入-②中引入分阶段训练方法，炮孔召回率有显著提高，最大提高约为 4. 26%，但炮孔精确率反而降低 0. 45%。分析其原因主要有以下几个方面：

（1）多尺度输入-②策略中第1阶段训练采用更大的炮孔图像尺度390×390，有利于更好地学习和提取小尺度炮孔的特征；

（2）多尺度输入-②在炮孔高召回率的同时存在更多的炮孔误检样本数量。

与多尺度输入-①相比，多尺度输入-②平均训练时间减少11s，计算耗时更少。由于炮孔目标检测对召回率要求更高，综上，同时考虑炮孔识别结果和计算耗时，多尺度输入-②策略更好。

4.4.2.2 不同基础网络炮孔目标检测结果对比

将改进的轻量级网络SqueezeNet-d和深层网络VGG-16进行了单个炮孔目标检测实验对比，结果见表4.9，结果示例如图4.14所示。其中，模型超参数设置相同，具体为：iterations=150000次；anchors=5；max_boxes=150；learning rate为base_lr=1×10^{-5}，每迭代训练100000次，缩小0.1倍；cmot=0.15；overlap_threshold=0.6。其他参数为原Faster R-CNN默认参数。

表4.9和图4.14中，方法Ⅱ中将SqueezeNet-d网络进行了4次降采样，考虑BN归一化，不考虑自上而下多层特征融合和多尺度输入，基础网络记为SqueezeNet-ds；方法Ⅲ中将SqueezeNet-d网络进行了3次降采样，同时考虑BN归一化、自上而下多层特征融合和多尺度输入-②，基础网络记为SqueezeNet-dt；方法Ⅳ中将VGG-16网络进行了3次降采样，具体采用本书自上而下多层特征融合方法，将conv5_3上采样与conv4_3串联，然后再上采样与conv3_3串联，再经一次max-pooling后用于炮孔目标检测；方法Ⅴ为在方法Ⅲ的基础上进一步考虑增加距离约束的NMS炮孔过滤算法。

表4.9 不同基础网络单个炮孔目标检测结果

检测网络	检测数	漏检数	误检数	精确率/%	召回率/%	平均训练时间/s	平均检测时间/s
SqueezeNet-ds	2292	595	343	86.98	79.39	159	0.11
SqueezeNet-dt	2976	64	363	89.13	97.89	250	0.19
VGG-16	2999	41	371	88.99	98.65	309	0.24

从表4.9可以发现，对比三种基础网络的炮孔目标检测结果，改进后SqueezeNet-ds网络检测效果较差，而改进后SqueezeNet-dt网络与VGG-16网络检测效果较好，且二者炮孔检测精确率和召回率相当。另外，由于网络降采样次数和网络复杂度不同，SqueezeNet-ds网络平均训练时间和平均检测时间用时最少，SqueezeNet-dt网络次之，而VGG-16网络最多。

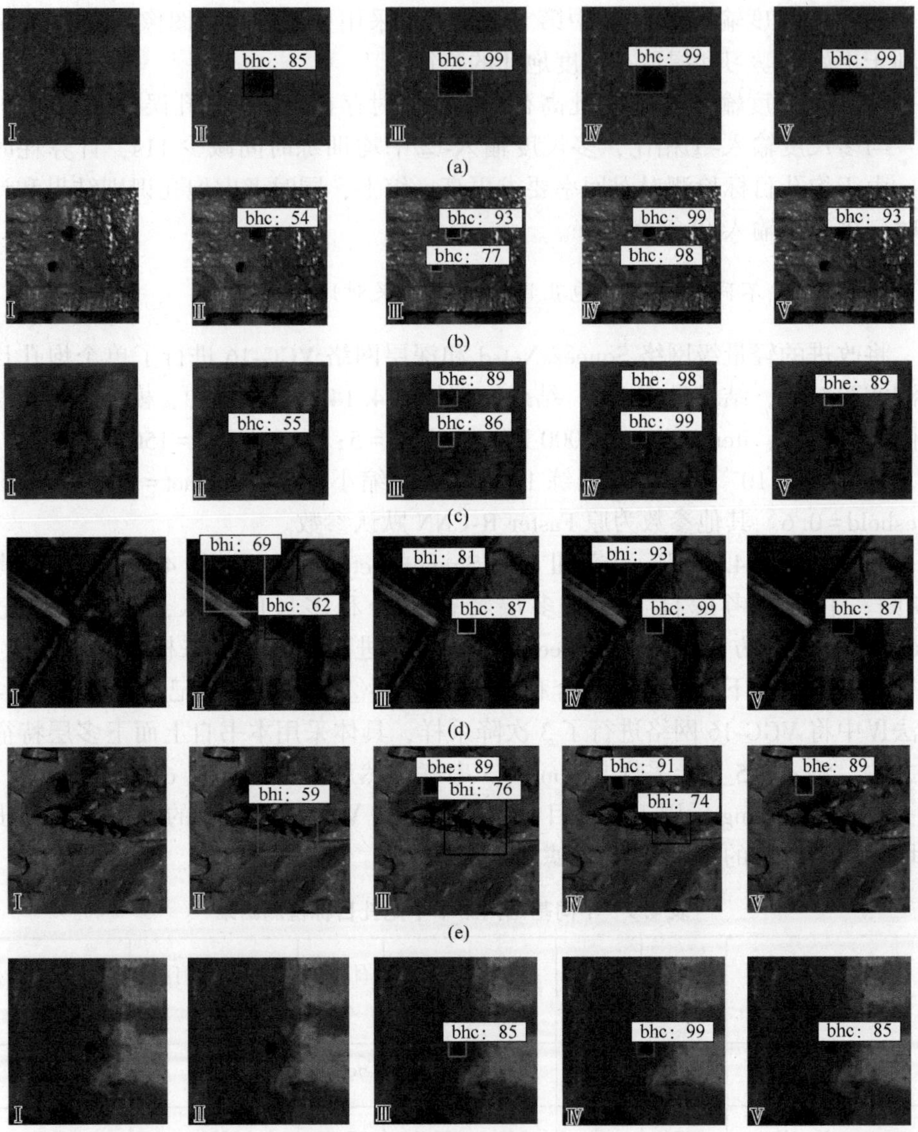

图 4.14　基于不同卷积神经网络 Faster R-CNN 方法的单个炮孔目标检测结果示例

（a）示例一，受拍摄距离较近的影响，炮孔尺度相对较大；（b）示例二，受钻孔作业人员手动调整的影响，炮孔临近周围存在假炮孔；（c）示例三，受钻孔作业人员手动调整的影响，炮孔临近周围存在假炮孔；（d）示例四，受钢拱架锚栓阴影的影响，炮孔临近周围存在伪炮孔；（e）示例五，受复杂围岩背景破碎岩体阴影的影响，炮孔临近周围存在伪炮孔；（f）示例六，受拍摄距离较远的影响，炮孔尺度相对较小

Ⅰ—炮孔原图；Ⅱ—SqueezeNet-ds 网络模型；Ⅲ—本书 SqueezeNet-dt 网络模型；Ⅳ—VGG-16 网络模型；Ⅴ—SqueezeNet-dt 网络模型+距离约束 NMS 算法

图 4.14 彩图

从图4.14（a）示例一可以看出，对于近距离拍摄、尺度较大的炮孔，基于SqueezeNet-ds、SqueezeNet-dt和VGG-16网络模型均可以成功识别并标注出炮孔目标；从图4.14（b）（c）示例二和示例三可以看出，SqueezeNet-ds网络模型仅可检测出其中较大炮孔目标，较小者未能识别，而SqueezeNet-dt和VGG-16网络模型均实现了多个炮孔目标的识别与标注。但需要说明的是，其中较小者为假炮孔；从图4.14（d）（e）示例四和示例五可以看出，当单个炮孔周围存在复杂衬砌、围岩背景时，SqueezeNet-ds存在误检或炮孔目标漏检，而SqueezeNet-dt和VGG-16网络模型均可实现炮孔目标的检测，但同时也存在误检目标；从图4.14（f）示例六可以看出，对于远距离拍摄、小尺度炮孔，SqueezeNet-ds无法识别炮孔，而SqueezeNet-dt和VGG-16网络模型均可实现炮孔目标的检测。

综合分析表4.9和图4.14可以得出，本书采取的自上而下多层特征融合和多尺度输入-②策略可有效提高炮孔目标检测效果。与VGG-16网络相比，SqueezeNet-dt网络参数更少，训练及测试速度更快，且二者炮孔识别效果相差较小，因此，本书改进的轻量级网络SqueezeNet-dt更适用于隧道单个炮孔目标检测。

进一步地，从图4.14方法V结果可以看出，基于距离约束的NMS炮孔过滤算法可提取单个炮孔图像中炮孔目标得分最高的预测框，删除临近周围得分低的炮孔预测框，最终实现单个炮孔目标的正确识别与标注。

4.4.2.3 不同超参数取值炮孔目标检测结果对比

A iterations

为了合理确定模型训练的总迭代次数，考虑计算机运行速度，设置iterations为：①100000次；②150000次；③300000次（详见4.2.4小节）。Faster R-CNN模型采用SqueezeNet-ds网络。图4.15为不同iterations下模型分类和回归损失随训练迭代次数的收敛曲线。

从图4.15可以看出，iterations为100000次时，训练结束模型的损失值还处于下降状态，表明损失函数尚未收敛到最小值；iterations为150000次时，模型的损失值下降到最小值并趋于稳定；iterations为300000次时，模型的损失值下降到最小值并长时间趋于稳定。因此，针对单个炮孔目标检测，iterations取值为150000更为合理。

针对隧道单个炮孔图像，不同训练迭代次数下所得炮孔目标检测结果见表4.10。

从表4.10可知，随着iterations由100000次增加到150000次，炮孔精确率最大提高了0.46%，召回率最大提高了4.64%，其主要原因是iterations为100000次时，模型的损失函数尚未收敛到最小值，模型的网络参数可进一步优

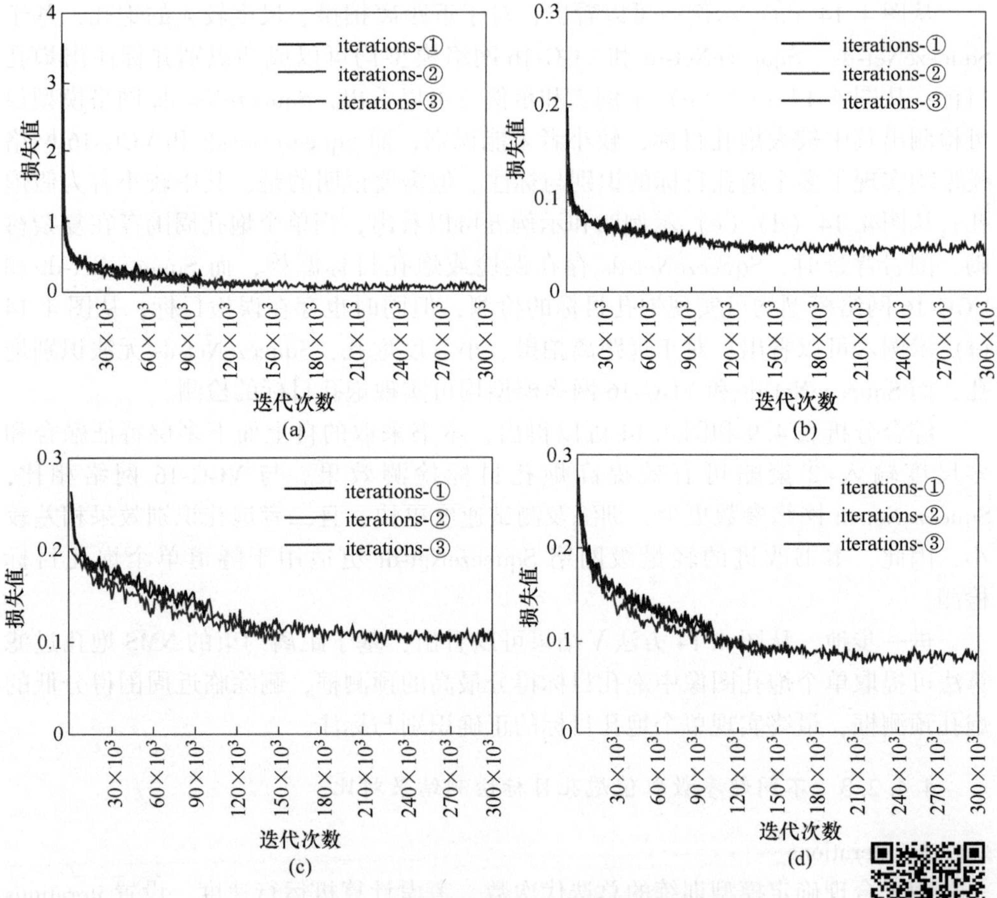

图 4.15 损失函数随训练迭代次数的变化曲线

（a）RPN 层分类损失；（b）RPN 层边框回归损失；
（c）Fast R-CNN 全连接层分类损失；（d）Fast R-CNN 全连接层边框回归损失

图 4.15 彩图

表 4.10 单个炮孔目标检测结果

各类指标	iterations = 100000			iterations = 150000			iterations = 300000		
	bhc	bhe	bhi	bhc	bhe	bhi	bhc	bhe	bhi
数量	1220	1020	800	1220	1020	800	1220	1020	800
检测数	903	661	630	939	705	648	947	701	660
漏检数	289	288	124	232	244	119	207	235	106
误检数	119	112	100	121	115	107	126	109	103
精确率/%	88.36	85.51	86.30	88.58	85.98	85.83	88.26	86.54	86.50
召回率/%	75.76	69.65	83.55	80.19	74.29	84.49	82.06	74.89	86.16
平均训练时间/s	161			159			157		
平均检测时间/s	0.11			0.11			0.11		

化。随着 iterations 由 150000 次增加到 300000 次，炮孔准确率最大提高了 0.67%，召回率最大提高了 1.87%，这主要体现在圆形和不规则炮孔目标检测上，表明随着 iterations 增多，对轮廓清晰和大尺度炮孔目标检测效果有一定程度的提升。但是，相比 iterations 为 150000 次，当其增加至 300000 次时对应的总训练时间增大约一倍，计算代价更大。综合以上分析，iterations 为 150000 更为合理。

B anchors

考虑隧道炮孔的尺寸大小和形状特点，设计 anchors 取值为：①3 个；②5 个；③15 个（详见 4.2.4 小节）。Faster R-CNN 模型采用 SqueezeNet-ds 网络。图 4.16 为不同 anchors 取值下模型分类和回归损失随训练迭代次数的收敛曲线。从图 4.16 可以看出，随着 anchors 数量增加，模型损失最终收敛值越来越小，但当 anchors = 5 和 anchors = 15 时，其分类和回归损失收敛值相差较小。

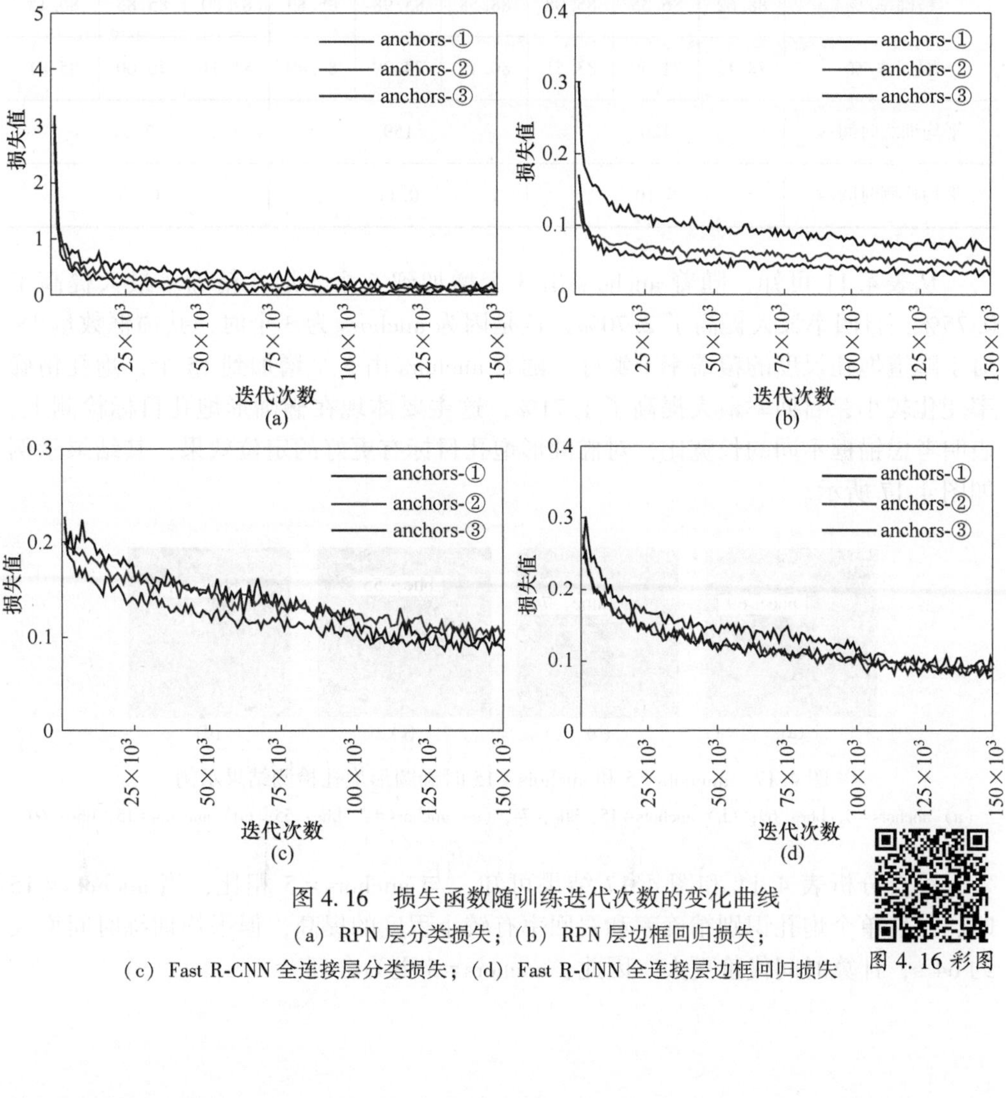

图 4.16 损失函数随训练迭代次数的变化曲线

（a）RPN 层分类损失；（b）RPN 层边框回归损失；

（c）Fast R-CNN 全连接层分类损失；（d）Fast R-CNN 全连接层边框回归损失

图 4.16 彩图

针对隧道单个炮孔图像，不同锚框数量下所得炮孔目标检测结果见表 4. 11。

表 4. 11　单个炮孔目标检测结果

各类指标	anchors = 3			anchors = 5			anchors = 15		
	bhc	bhe	bhi	bhc	bhe	bhi	bhc	bhe	bhi
数量	1220	1020	800	1220	1020	800	1220	1020	800
检测数	911	683	633	939	705	648	950	722	653
漏检数	255	271	125	232	244	119	217	228	108
误检数	117	108	111	121	115	107	132	119	105
精确率/%	88. 62	86. 35	85. 08	88. 58	85. 98	85. 83	87. 80	85. 85	86. 15
召回率/%	78. 13	71. 59	83. 51	80. 19	74. 29	84. 49	81. 41	76. 00	85. 81
平均训练时间/s	120			159			223		
平均检测时间/s	0. 10			0. 11			0. 13		

从表 4. 11 可知，随着 anchors 由 3 个增加到 5 个，炮孔精确率最大提高了 0. 75%，召回率最大提高了 2. 70%，这是因为 anchors 为 3 个时，其锚框数量少，对于隧道炮孔尺度的覆盖率不够好。随着 anchors 由 5 个增加到 15 个，炮孔精确率变化较小，召回率最大提高了 1. 71%，这主要体现在椭圆形炮孔目标检测上，表明考虑锚框不同的长宽比，对椭圆形炮孔目标有更好的定位效果，其结果示例如图 4. 17 所示。

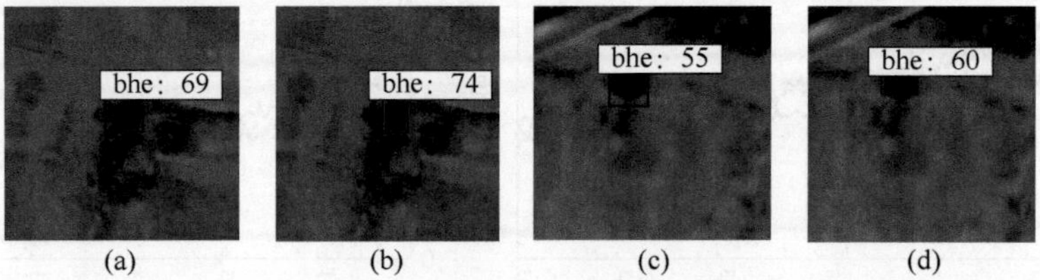

图 4. 17　anchors = 5 和 anchors = 15 时椭圆形炮孔检测结果示例

（a）anchors = 5，bhe：69；（b）anchors = 15，bhe：74；（c）anchors = 5，bhe：55；（d）anchors = 15，bhe：60

综合分析表 4. 11 和图 4. 17 结果可知，与 anchors = 5 相比，当 anchors = 15 时，虽然单个炮孔识别精确率和召回率有较小程度的提高，但平均训练时间增大约 64 s，计算时间代价更大。因此，anchors = 5 更为合理。

C max_boxes

当 NMS 的重合度阈值固定（即 overlap_threshold = 0.6）时，为了合理确定 NMS 最大选取框的个数，设置 max_boxes 取值为：①100 个；②150 个；③300 个（详见 4.2.4 小节）。Faster R-CNN 模型采用 SqueezeNet-ds 网络。图 4.18 为不同 max_boxes 取值下模型分类和回归损失随训练迭代次数的收敛曲线。从图 4.18 可以看出，当 max_boxes = 100 时，整个训练过程中模型损失收敛曲线震荡较为明显，而 max_boxes = 150 和 max_boxes = 300 时，当训练迭代次数大于 100000 次时，模型损失收敛曲线震荡减小。三次实验模型损失最终收敛值大小相差较小。

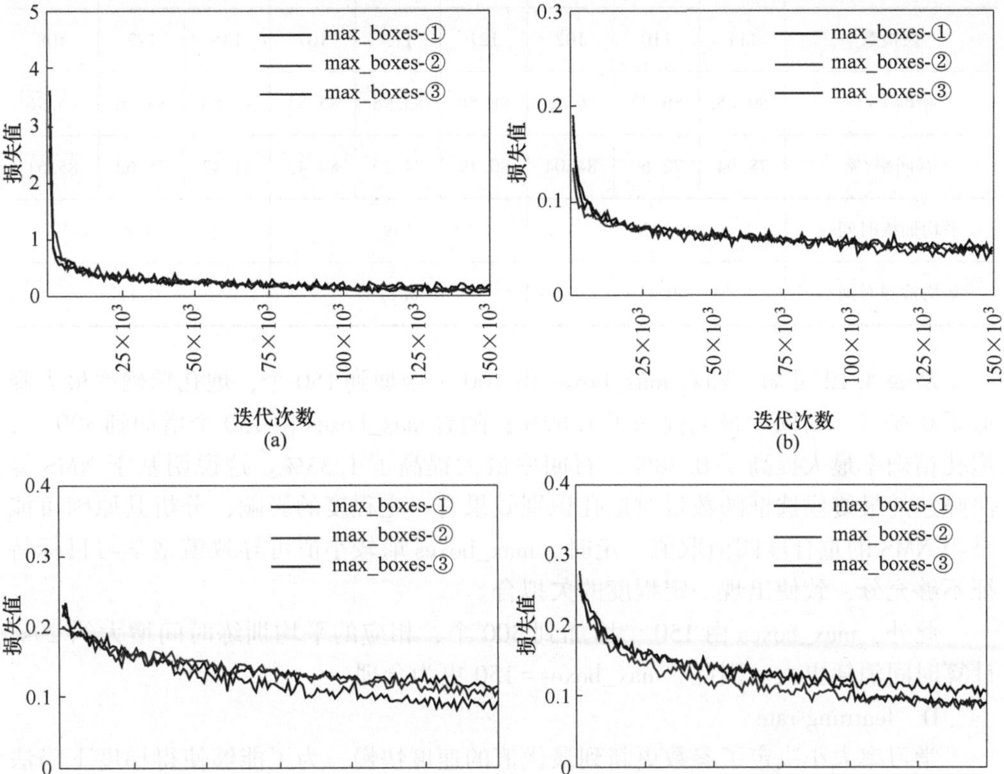

图 4.18 损失函数随训练迭代次数的变化曲线

（a）RPN 层分类损失；（b）RPN 层边框回归损失；

（c）Fast R-CNN 全连接层分类损失；（d）Fast R-CNN 全连接层边框回归损失

图 4.18 彩图

针对隧道单个炮孔图像，不同 max_boxes 数量所得炮孔目标检测结果见表 4. 12。

表 4. 12　单个炮孔目标检测结果

各类指标	max_boxes = 100			max_boxes = 150			max_boxes = 300		
	bhc	bhe	bhi	bhc	bhe	bhi	bhc	bhe	bhi
数量	1220	1020	800	1220	1020	800	1220	1020	800
检测数	922	689	637	939	705	648	972	735	661
漏检数	246	260	121	232	244	119	221	237	112
误检数	111	110	102	121	115	107	135	122	108
精确率/%	89. 25	86. 23	86. 20	88. 58	85. 98	85. 83	87. 80	85. 76	85. 96
召回率/%	78. 94	72. 60	84. 04	80. 19	74. 29	84. 49	81. 47	75. 62	85. 51
平均训练时间/s	142			159			188		
平均检测时间/s	0. 11			0. 11			0. 11		

从表 4. 12 可知，随着 max_boxes 由 100 个增加到 150 个，炮孔精确率最大降低了 0. 67%，召回率最大提高了 1. 69%；随着 max_boxes 由 150 个增加到 300 个，炮孔精确率最大提高了 0. 78%，召回率最大提高了 1. 33%。这说明基于 NMS 算法筛选的最终候选框的数量对炮孔识别效果有一定程度的影响，分析其原因可能是当 NMS 的重合度阈值取值一定时，max_boxes 取较小值可导致模型学习目标特征不够充分，致使出现一定程度的欠拟合。

此外，max_boxes 由 150 个增加到 300 个，相应的平均训练时间增大约 29s，计算时间消耗更大。因此，max_boxes = 150 更为合理。

D　learning rate

学习率大小决定了参数更新到最优值的速度快慢，为了能够使得梯度下降法有较好的性能，需要合理设置学习率初始值和变更策略。本次实验 Faster R-CNN 模型采用 SqueezeNet-ds 网络，进行了三种 learning rate 变更策略（详见 4. 2. 4 小节）对比分析。图 4. 19 所示为不同 learning rate 变更策略下模型分类和回归损失随训练迭代次数的收敛曲线。从图 4. 19 可以看出，对于策略一，当设置初始学习率较大时，初始阶段模型损失下降较快，随学习率调整至较小值时，损失收敛速度变慢，但其最终收敛值略大；相比之下，策略二和策略三的 learning rate 变更策略至训练后期模型损失收敛震荡较小且收敛值更小。

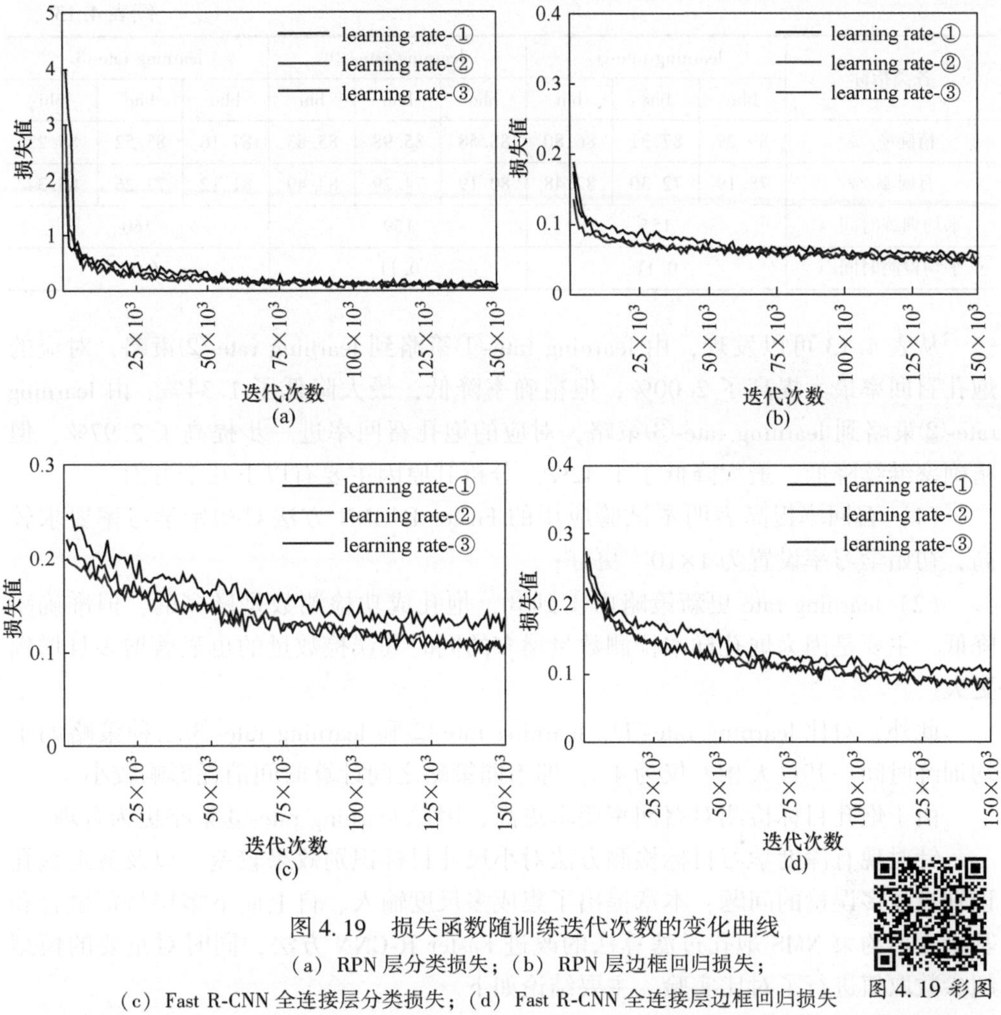

图 4.19 损失函数随训练迭代次数的变化曲线

（a）RPN 层分类损失；（b）RPN 层边框回归损失；

（c）Fast R-CNN 全连接层分类损失；（d）Fast R-CNN 全连接层边框回归损失

针对隧道单个炮孔图像，不同 learning rate 变更策略下所得炮孔目标检测结果见表 4.13。

表 4.13 单个炮孔目标检测结果

各类指标	learning rate-①			learning rate-②			learning rate-③		
	bhc	bhe	bhi	bhc	bhe	bhi	bhc	bhe	bhi
数量	1220	1020	800	1220	1020	800	1220	1020	800
检测数	900	702	631	939	705	648	971	744	658
漏检数	251	269	134	232	244	119	226	219	113
误检数	108	102	96	121	115	107	143	126	114

续表 4.13

各类指标	learning rate-①			learning rate-②			learning rate-③		
	bhc	bhe	bhi	bhc	bhe	bhi	bhc	bhe	bhi
精确率/%	89.29	87.31	86.80	88.58	85.98	85.83	87.16	85.52	85.23
召回率/%	78.19	72.30	82.48	80.19	74.29	84.49	81.12	77.26	85.34
平均训练时间/s	155			159			160		
平均检测时间/s	0.11			0.11			0.11		

从表 4.13 可以发现，由 learning rate-①策略到 learning rate-②策略，对应的炮孔召回率最大提高了 2.00%，但精确率降低，最大降低了 1.34%。由 learning rate-②策略到 learning rate-③策略，对应的炮孔召回率进一步提高了 2.97%，但精确率继续降低，最大降低了 1.42%。分析其原因主要有以下几个方面：

（1）召回率提高表明本试验应用的 Faster R-CNN 方法对初始学习率要求较高，初始学习率设置为 1×10^{-5} 更好；

（2）learning rate 更新策略由①到③，炮孔成功检测数是增多的，但准确率降低，主要是因为炮孔样本检测数量增多的同时其误检数量的也显著增多且增幅更大。

此外，对比 learning rate-①、learning rate-②和 learning rate-③三种策略的平均训练时间，其最大相差仅为 4 s，即不同策略之间计算时间消耗影响较小。

由于炮孔目标检测对召回率要求更高，因此 learning rate-③策略更为合理。

针对现有深度学习目标检测方法对小尺寸目标识别效果较差，以及隧道炮孔识别自身多误检的问题，本章提出了集成多尺度输入、自上而下多层特征融合和基于距离约束 NMS 炮孔过滤算法的改进 Faster R-CNN 方法，同时对重要的模型超参数取值进行了对比实验。主要结论如下。

（1）对比分析基础网络 SqueezeNet-b 和 SqueezeNet-d 的单个炮孔目标检测结果，可以发现：增加 BN 归一化层、卷积层数量和将最大池化层后移有助于提高炮孔目标识别效果。

（2）对比分析基础网络 SqueezeNet-ds 和 SqueezeNet-dt 的单个炮孔目标检测结果，可以发现：集成多尺度输入和自上而下多层特征融合等策略的 Faster R-CNN 方法，可实现对小尺度炮孔的有效识别与精确定位。

（3）对比分析基础网络 SqueezeNet-dt 和 VGG-16 的单个炮孔目标检测结果，可以发现：二者炮孔识别的精确率和召回率相当，但前者平均训练和测试时间更少，表明改进的 SqueezeNet-dt 网络仍具有轻量化特性，更适用于单个炮孔目标的快速识别与定位。

（4）增加距离约束的 NMS 炮孔过滤算法可有效剔除误检炮孔和假炮孔。

（5）基于基础网络 SqueezeNet-ds 和 SqueezeNet-dt 对 Faster R-CNN 模型超参数进行选择，选取策略是：优先考虑炮孔高召回率，其次选择较高的精确率，同时尽量减少模型训练时间。最终适用于炮孔目标检测的模型超参数确定如下：iterations = 150000 次；anchors = 5；max_boxes = 150；learning rate 为 base_lr = 1× 10^{-5}，每迭代训练 100000 次，缩小 0.1 倍。

参 考 文 献

[1] Iandola F N, Han S, Moskewicz M W, et al. SqueezeNet: AlexNet-level accuracy with 50x fewer parameters and <0. 5MB model size [J]. 2016.

[2] 白博，谢刚，续欣莹．多尺度级联 R-FCN 的尾灯检测算法研究［J］．计算机工程与应用，2019，56（6）：194-200.

[3] Cheng P, Liu W, Zhang Y, et al. LOCO: Local context based faster R-CNN for small traffic sign detection [C] //International Conference on Multimedia Modeling. Springer, Cham, 2018.

[4] Cai Z, Fan Q, Feris R S, et al. A unified multi-scale deep convolutional neural network for fast object detection [J]. Springer International Publishing, 2016.

[5] Ciregan D, Meier U, Masci J, et al. Multi-column deep neural network for traffic sign classification [J]. Neural Networks, 2012, 32, 333-338.

[6] 刘宝龙．基于图像分析和深度学习的船名标识字符检测与识别研究［D］．杭州：浙江大学，2018.

[7] 梁令羽，张天天，何为．多尺度卷积神经网络的头部姿态估计［J］．激光与光电子学进展，2020，56（13）：1-15.

[8] 李晓飞．基于深度学习的行人及骑车人车载图像识别方法［D］．北京：清华大学，2016.

[9] 王海屹．基于特征融合的小物体目标检测研究与应用［D］．北京：北京邮电大学，2018.

[10] Kong T, Yao A, Chen Y, et al. HyperNet: towards accurate region proposal generation and joint object detection [J]. IEE, 2016.

[11] Zhong Z, Jin L, Zhang S, et al. DeepText: a unified framework for text proposal generation and text detection in natural images [J]. IEE, 2016: 1208-1212.

[12] 徐昕军．铁路路基雷达探测图像病害识别算法与风险评估模型研究［D］．北京：中国矿业大学（北京），2018.

[13] 孙皓泽，常天庆，王全东，等．一种基于分层多尺度卷积特征提取的坦克装甲目标图像检测方法［J］．兵工学报，2017，38（9）：1681-1691.

[14] 徐守坤，王雅如，顾玉宛，等．基于改进 Faster RCNN 的安全帽佩戴检测研究［J］．计算机应用研究，2020，37（3）：901-905.

[15] Ren S, He K, Girshick R, et al. Faster R-CNN: Towards real-time object detection with region proposal networks [J]. IEEE Transactions on Pattern Analysis and Machine Intelligence, 2017, 39 (6): 1137-1149.

[16] 陈文强，熊辉，李克强，等．基于深度神经网络的行人及骑车人联合检测［J］．汽车工程，2018，40（6）：725-732.

[17] Powers D M W. Evaluation：from precision，recall and f-factor to ROC，informedness，markedness and correlation［J］. Journal of Machine Learning Technologies，2011，2（1）：37-63.
[18] Everingham M，Eslami S M A，Van Gool L，et al. The pascal visual object classes challenge：a retrospective［J］. International Journal of Computer Vision，2015，111（1）：98-136.
[19] 周志华．机器学习［M］．北京：清华大学出版社，2016.
[20] 王菲茵．掘进工作面瓦斯异常涌出特征图像识别技术研究［D］．北京：中国矿业大学（北京），2018.

5　基于深度神经网络的分阶段多个炮孔目标检测方法

受岩层条件、施工条件、图像采集等因素干扰，隧道多个炮孔图像及多个炮孔困难图像中炮孔识别困难。对此，基于第 4 章单个炮孔目标检测方法获取的网络参数和模型超参数，本章采用更深的网络结构及改进的 Faster R-CNN 方法，实现多个炮孔的识别与位置标注。具体地，针对多个炮孔图像尺寸较大、炮孔数量多、围岩背景复杂及假炮孔和伪炮孔干扰多等特点，多个炮孔图像目标检测采用两阶段训练方法，即首先将获取的单个炮孔模型参数用于多个炮孔图像模型训练时的参数初始化，然后基于改进的 Faster R-CNN 方法进行多个炮孔的目标检测。其中改进策略包括更深层的 ResNet-51 残差网络、自上而下多层特征融合、在线困难样本挖掘和基于距离约束的 NMS 多个炮孔过滤算法。最终，基于标注的多个炮孔图像数据集，进行不同基础网络和改进策略的模型对比实验。

5.1　深层的 ResNet-50 残差网络

自 AlexNet 之后，CNN 层数越来越深，原因是网络层数越深，则学习到的卷积特征越有效，网络特征表达能力越强。但是，网络深度若只是层与层之间的简单堆叠，网络训练准确率会下降，这是因为网络训练时其梯度是由后面的层反向传播到前面的层，根据链式法则，随着网络层数加深，重复相乘可使前面的层梯度无穷小。对此，Kaiming He 等提出了 ResNet（Residual Neural Network），该网络通过使用残差模块（residual block）成功训练出了 152 层的网络，网络深度是 VGG-16 的 9.5 倍，并且在 ImageNet 图像验证集上分类精度更高，其 top5 的错误率仅为 3.57%，效果非常突出。

5.1.1　ResNet-50 残差网络模型

5.1.1.1　残差模块

ResNet 的核心是提出了残差模块，引入捷径连接（shortcut connections），即将输入数据 x 经过旁路跳过一个或多个层直接连接到后面的层，如图 5.1 所示。

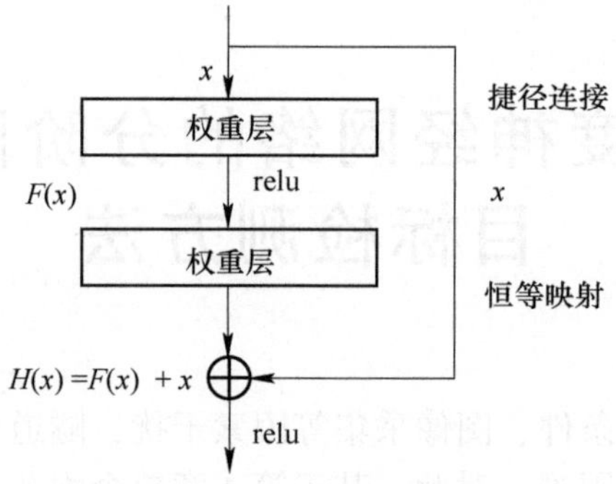

图 5.1 ResNet 的两层残差模块

从图 5.1 中可以看出，残差模块包含两层，若输入为 x，数据经过常规卷积层（主路径）和捷径连接分别传到后面的层，输出结果相加（addition）为 $H(x)=F(x)+x$。如果 $F(x)=0$，则为图中的恒等映射（identity mapping）。也就是说，ResNet 网络训练中只需要学习 $H(x)$ 和 x 的差值，即残差 $F(x)=H(x)-x$。其中，残差定义为：

$$F(x, \{W_i\}) = W_2 f(W_1 x) \tag{5.1}$$

式中 W_i——第 i 个卷积层的权重参数；

f——非线性激活函数 relu。

经过第 2 个 relu，获得总输出为：

$$y = F(x, \{W_i\}) + x \tag{5.2}$$

若输入和输出的网络维数是变化的，则在捷径连接时对 x 进行一次线性变换 W_s。

$$y = F(x, \{W_i\}) + W_s x \tag{5.3}$$

捷径连接可以从某一层获得激活，然后迅速反馈给另外一层甚至更深层，从而简化了学习目标和难度，同时也没有引入额外的参数和计算复杂度。

5.1.1.2 ResNet-50 网络

ResNet-50 网络如图 5.2（a）所示。ResNet-50 网络首先以一个卷积核为 7×7、步长为 2 的卷积层开始，然后经过卷积核为 3×3、步长为 2 的最大池化层后，接着第二层至第五层使用 4 组共 16 个更深的瓶颈残差模块（Deeper bottleneck residual block)，每个瓶颈残差模块包含三层卷积层，详细如图 5.3 所示。最后，经过卷积核 7×7、步长为 1 的全局平局池化层至 softmax 层进行图像分类并输出。其中，ResNet-50 每个卷积层之后均有 BN 归一化层。

图 5.3 所示为 ResNet-50 网络中更深的瓶颈残差模块的结构组成，包括三层，其中第一层和第三层是卷积核为 1×1 的卷积层，第二层是卷积核为 3×3 的卷积

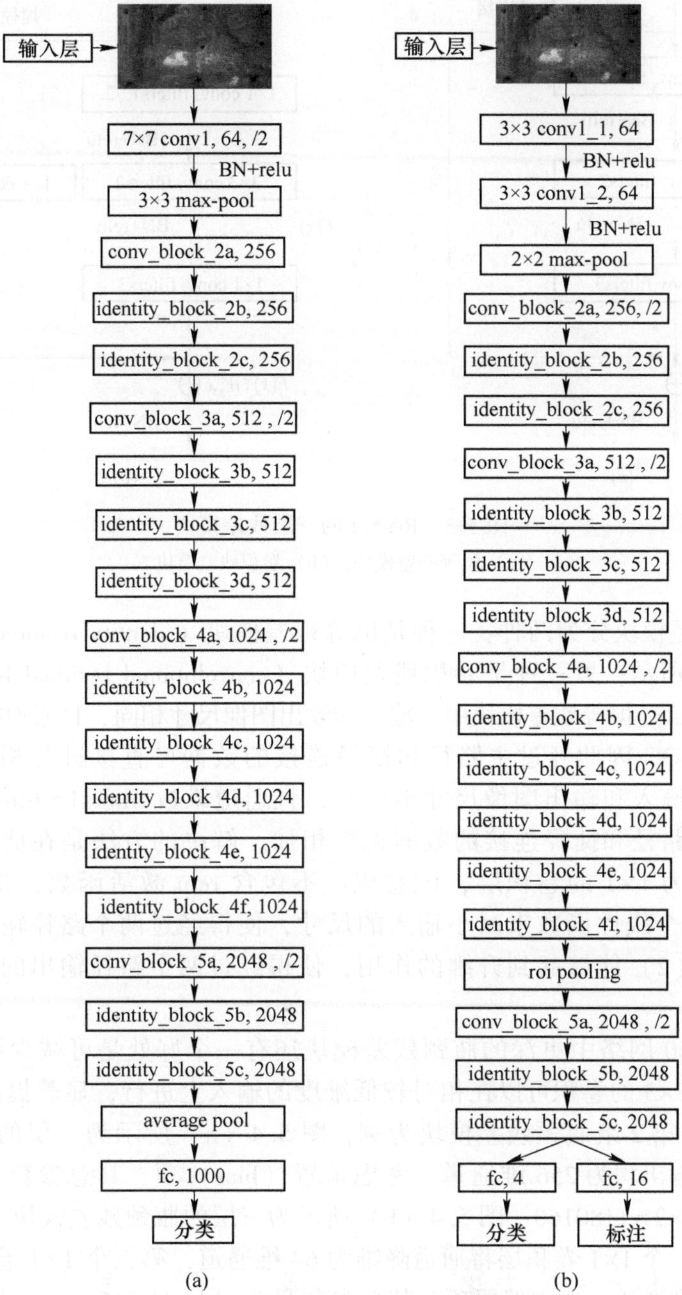

图 5.2 ResNet 网络结构及其改进

(a) ResNet-50；(b) ResNet-51

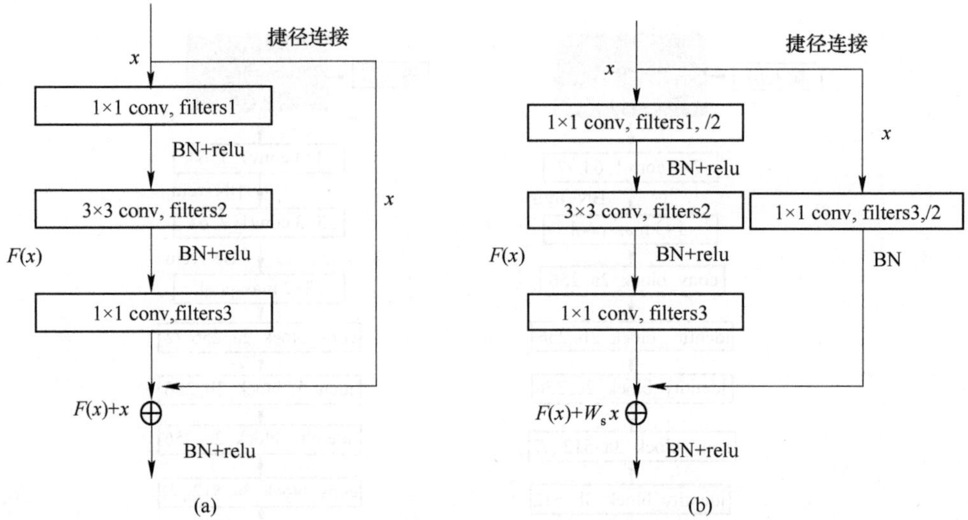

图 5.3　ResNet 的三层残差模块

(a) 恒等残差模块；(b) 卷积残差模块

层。瓶颈残差模块分为两种：一种是恒等残差模块（identity residual block），如图 5.3（a）所示；另一种是卷积残差模块（convolutional residual block），如图 5.3（b）所示。恒等残差模块中，输入和输出图像尺寸相同，且通道维数 filters1 = filters2 = filters3，因此经过主路径和捷径连接的数据可直接进行相加。卷积残差模块中，输入和输出图像尺寸不匹配，且通道维数 filters1 = filters2 < filters3，此时经过主路径和捷径连接的数据无法相加。解决的方法是在捷径连接中增加了卷积核为 1×1 的卷积层，该卷积层不包含 relu 激活函数，主要作用是：（1）应用一个线性函数来减小输入的尺寸，使得经过两个路径输出的图像尺寸相匹配；（2）能够起到升维的作用，使得经过两个路径输出的通道维数相匹配。

ResNet-50 网络中更深的瓶颈残差模块还有一个好处是可减少卷积层参数，使得第二层 3×3 的卷积可以在相对较低维度的输入上进行，显著提高计算效率。以 ResNet-50 第 2 组瓶颈残差模块为例，图 5.4（a）所示为二层的常规残差模块，输入和输出均为 256 维通道，考虑偏置（bias）项，其总参数量为 $(3\times3\times256+1)\times256\times2=1180160$；图 5.4（b）所示为三层的瓶颈残差模块，输入为 256 维通道，第一个 1×1 卷积层将通道降维为 64 维通道，第三个 1×1 卷积层将通道恢复为 256 维通道，考虑偏置项，其总参数量为 $(1\times1\times256+1)\times64+(3\times3\times64+1)\times64+(1\times1\times64+1)\times256=70016$，相比前者，该参数量减少了 15.86 倍。整个 ResNet-50 网络结构详细参数见表 5.1。

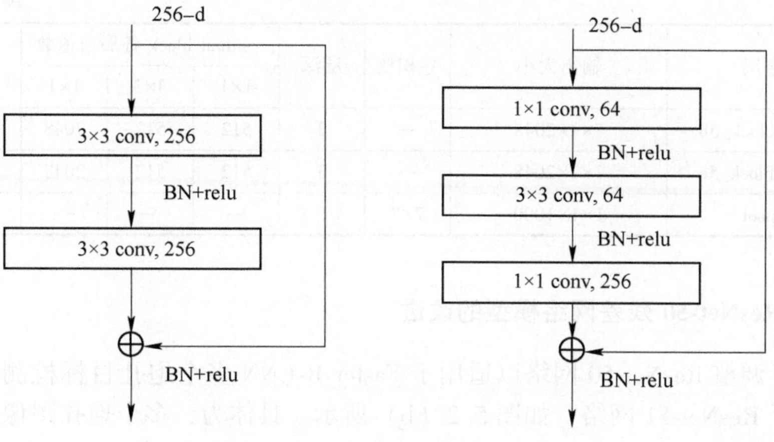

(a) (b)

图 5.4 256-d 残差模型示意图

（a）二层常规残差模块；（b）三层瓶颈残差模块

表 5.1 ResNet-50 网络结构及其参数

网络层	输出大小	卷积核	层深	residual block 各层通道数			参数量
				1×1	3×3	1×1	
输入	224×224×3	—	—	—	—	—	—
conv1	112×112×64	7×7	1	—	—	—	9472
maxpool1	56×56×64	3×3	0	—	—	—	—
conv_block_2a	56×56×256	—	3	64	64	256	57728
identity_block_2b	56×56×256	—	3	64	64	256	70016
identity_block_2c	56×56×256	—	3	64	64	256	70016
conv_block_3a	28×28×512	—	3	128	128	512	246528
identity_block_3b	28×28×512	—	3	128	128	512	279296
identity_block_3c	28×28×512	—	3	128	128	512	279296
identity_block_3d	28×28×512	—	3	128	128	512	279296
conv_block_4a	14×14×1024	—	3	256	256	1024	984576
identity_block_4b	14×14×1024	—	3	256	256	1024	1115648
identity_block_4c	14×14×1024	—	3	256	256	1024	1115648
identity_block_4d	14×14×1024	—	3	256	256	1024	1115648
identity_block_4e	14×14×1024	—	3	256	256	1024	1115648
identity_block_4f	14×14×1024	—	3	256	256	1024	1115648
conv_block_5a	7×7×2048	—	3	512	512	2048	3935232

续表 5.1

网络层	输出大小	卷积核	层深	residual block 各层通道数			参数量
				1×1	3×3	1×1	
identity_block_5b	7×7×2048	—	3	512	512	2048	4459520
identity_block_5c	7×7×2048	—	3	512	512	2048	4459520
avgpool	1×1×1000	7×7	0	—	—	—	—

5.1.2 ResNet-50 残差网络模型的改进

为了调整 ResNet-50 网络以适用于 Faster R-CNN 多个炮孔目标检测框架，本章提出了 ResNet-51 网络，如图 5.2（b）所示。具体为，多个炮孔图像裁剪尺寸为 2640×1320，作为 ResNet-51 网络的输入时统一缩减一倍（1320×660）；将 conv1 分解为两层 conv1_1 和 conv1_2，卷积核均为 3×3，步长为 1，输出通道维数为 64；然后将最大池化层的卷积核调整为 2×2，步长为 2；接着将 conv_block_2a 的步长调整为 2；在 identity_block_4f 后增加 ROI Pooling 层，输出的特征图大小为 14×14 像素值；最后，增加两个并列的全连接层，用于目标分类和位置回归定位。

进一步地，依据相关文献，改进 ResNet-51 中各瓶颈残差模块结构。由式（5.2）和式（5.3）可知，原 ResNet-50 中某 l 个残差模块的输出可表示为：

$$y_1 = F(x_l, W_l) + h(x_l) \tag{5.4}$$

若假定捷径连接分支 $h(x_l) = x_l$ 和 $y_l = x_{l+1}$，则式（5.4）简化为：

$$x_{l+1} = F(x_l, W_l) + x_l \tag{5.5}$$

由递归计算可知，

$$x_{l+2} = F(x_{l+1}, W_{l+1}) + x_{l+1} = F(x_{l+1}, W_{l+1}) + F(x_l, W_l) + x_l \tag{5.6}$$

由此，可以得到：

$$x_L = \sum_{i=l}^{L-1} F(x_i, W_i) + x_l \tag{5.7}$$

式中 L——网络中更深的层；

l——网络中较浅的层。

式（5.7）表明残差模块有良好的反向传播特性。若网络的损失函数表示为 *loss*，根据反向传播的链式法则，可以得出：

$$\frac{\partial loss}{\partial x_l} = \frac{\partial loss}{\partial x_L}\frac{\partial x_L}{\partial x_l} = \frac{\partial loss}{\partial x_L}\left(1 + \frac{\partial}{\partial x_l}\sum_{i=l}^{L-1} F(x_i, W_i)\right) \tag{5.8}$$

式（5.8）表示梯度$\frac{\partial loss}{\partial x_l}$可分解为两部分：$\frac{\partial loss}{\partial x_L}$表示损失梯度可通过捷径连接直接传递；$\frac{\partial loss}{\partial x_L}\left(\frac{\partial}{\partial x_l}\sum_{i=l}^{L-1} F(x_i, W_i)\right)$ 表示损失梯度通过卷积层进行传递。在一

个 mini_batch 数据中，所有样本的 $\left(\frac{\partial}{\partial x_l}\sum_{i=l}^{L-1}F(x_i, W_i)\right)$ 不可能一直为-1，因此即使权重任意小，也不会出现梯度消失问题。因此，改进颈残差模块结构的两点原则是：（1）将 BN 归一化层放在激活层和卷积层之前，起到规范数据分布的作用；（2）将激活层放在卷积层之前，使得输出相加之后去掉改变数据分布的层，以尽量保持输入和输出一致，保证信息传递。改进后的瓶颈残差模块结构，如图 5.5 所示。

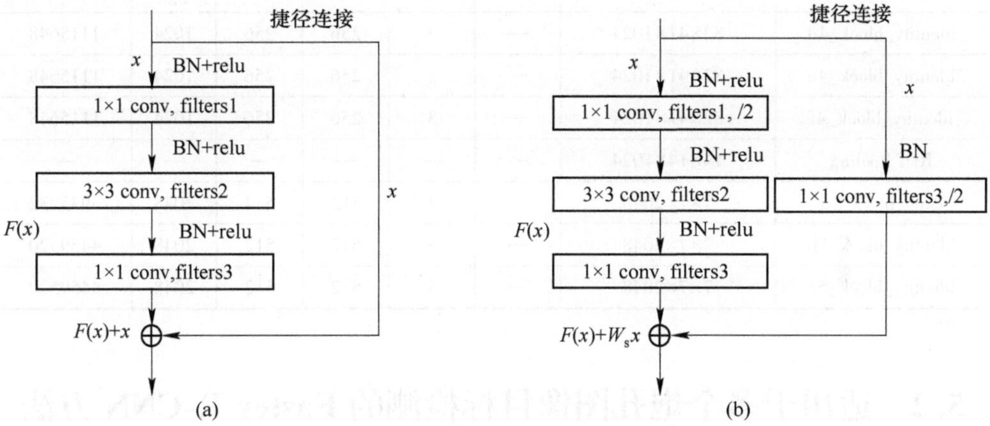

图 5.5 ResNet 的三层残差模块

（a）恒等残差模块；（b）卷积残差模块

用于多个炮孔目标检测的 ResNet-51 网络详细参数见表 5.2。

表 5.2 ResNet-51 网络结构及其参数

网络层	输出大小	卷积核	层深	residual block 各层通道数			参数量
				1×1	3×3	1×1	
输入	1320×660×3	—	—	—	—	—	—
conv1_1	1320×660×64	3×3	1	—	—	—	1792
conv1_2	1320×660×64	3×3	1	—	—	—	36928
maxpool1	660×330×64	2×2	0	—	—	—	—
conv_block_2a	330×165×256	—	3	64	64	256	57728
identity_block_2b	330×165×256	—	3	64	64	256	70016
identity_block_2c	330×165×256	—	3	64	64	256	70016
conv_block_3a	165×82×512	—	3	128	128	512	246528
identity_block_3b	165×82×512	—	3	128	128	512	279296
identity_block_3c	165×82×512	—	3	128	128	512	279296

续表 5.2

网络层	输出大小	卷积核	层深	residual block 各层通道数			参数量
				1×1	3×3	1×1	
identity_block_3d	165×82×512	—	3	128	128	512	279296
conv_block_4a	82×41×1024	—	3	256	256	1024	984576
identity_block_4b	82×41×1024	—	3	256	256	1024	1115648
identity_block_4c	82×41×1024	—	3	256	256	1024	1115648
identity_block_4d	82×41×1024	—	3	256	256	1024	1115648
identity_block_4e	82×41×1024	—	3	256	256	1024	1115648
identity_block_4f	82×41×1024	—	3	256	256	1024	1115648
ROI Pooling	14×14×1024	—	—	—	—	—	—
conv_block_5a	7×7×2048	—	3	512	512	2048	3935232
identity_block_5b	7×7×2048	—	3	512	512	2048	4459520
identity_block_5c	7×7×2048	—	3	512	512	2048	4459520

5.2　适用于多个炮孔图像目标检测的 Faster R-CNN 方法

图 5.6 所示为将第四章提出的单个炮孔 Faster R-CNN 目标检测算法直接应用于多个炮孔目标检测，结果表明：此时单个炮孔目标检测算法将多个炮孔图像中较大范围的阴影误识为炮孔，而真正的炮孔目标由于尺度更小，无法获得正确的识别和位置标注。

图 5.6　单个炮孔目标检测算法直接
应用于多个炮孔目标检测

图 5.6 彩图

图 5.6 中多个炮孔目标检测无法成功识别的原因主要是：

（1）多个炮孔图像尺寸大，炮孔数量多且炮孔尺寸甚小；

（2）围岩背景复杂，台架及支架和岩块阴影因素干扰多；

（3）单个炮孔图像中炮孔面积大小占比率为多个炮孔图像中的数十倍，因此单个炮孔的目标检测算法对多个炮孔图像中大面积的阴影有响应。

同时，不同于单个炮孔图像，多个炮孔图像中炮孔目标还具备新的特点：

（1）炮孔数量多且间隔分布，且同时包含掏槽孔、辅助孔、周边孔和底板孔，受自身炮孔倾角和围岩破碎情况的影响，炮孔孔口形状不一；

（2）同一幅炮孔图像中，通常正对拍摄者的炮孔尺寸较大且目标清晰，远离拍摄者位于图像两侧边缘的炮孔尺寸较小且目标模糊。

综合以上分析，本章提出采用 ResNet-51 网络，集成图像两阶段训练、自上而下多层特征融合、在线困难样本挖掘和基于距离约束 NMS 多个炮孔过滤算法的 Faster R-CNN 方法。

基于基础网络 ResNet-51 的 Faster R-CNN 目标检测方法有两个特殊点：

（1）block4 残差模块的输出特征图作为 RPN 网络和 ROI Pooling 层的输入；

（2）block5 残差模块位于 ROI Pooling 层之后，替换全连接层，用于目标的精确定位。

5.2.1 图像两阶段训练

根据 4.4.2 节的单个炮孔识别结果可知，采用图像多尺度输入-②的阶段训练方法可显著提高单个炮孔识别效果，因此，该分阶段训练方法是一种提高目标检测效果的可用方法。本章提出了多个炮孔图像的两阶段训练方法。具体如下。

（1）训练阶段一：应用改进的 ResNet-51 网络及 Faster R-CNN 方法训练单个炮孔图像，图像输入大小为 300×300，训练迭代次数 150000 次，使用 ImageNet 训练完成的模型进行参数初始化。

（2）训练阶段二：应用相同的 ResNet-51 网络及 Faster R-CNN 方法训练多个炮孔图像，图像输入大小为 2640×1320，经过 ResNet-51 网络统一缩减为 1320×660，然后将单个炮孔训练得到的模型参数进行参数初始化，训练迭代次数 150000 次。

5.2.2 自上而下多层特征融合

图 5.7 为基于 ResNet-51 网络，引入自上而下多层特征融合的 Faster R-CNN 目标检测改进算法。具体方法如下：

（1）首先，将 block4 第 6 个恒等残差模块的输出特征图上采样至与 block3 第 4 个恒等残差模块的输出特征图大小相同，二者进行 concatenation，然后经过 BN 归一化层，最后再经过卷积核为 1×1 的卷积层将输出降维为 768 通道；

（2）将上一阶段（1）输出的特征图再次上采样至与 block2 第 3 个恒等残差模块的输出特征图大小相同，二者进行 concatenation，然后经过 BN 归一化层；

（3）将上一阶段（2）输出特征图进行一次 max-pooling 操作，然后输入到 RPN 候选区域选择网络和 ROI 池化层，用于多个炮孔目标分类和精确定位。

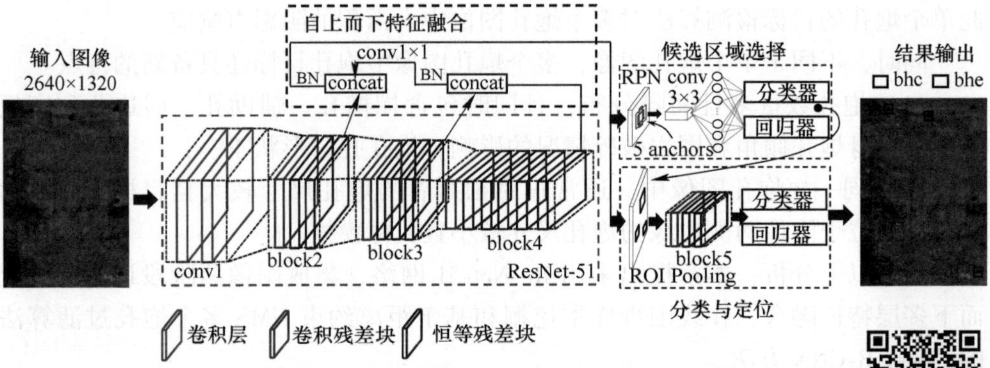

图 5.7　考虑自上而下多层特征融合的 Faster R-CNN 方法

图 5.7 彩图

5.2.3　在线困难样本挖掘

原基础 Faster R-CNN 目标检测方法中，ROI Pooling 之后的 Fast R-CNN 检测子网络训练时，采用 mini-batch 的 MSGD 方法，其中正负样本选择的依据为计算候选框与真实框的交并比 IOU，当 IOU 为［0.5，1］时，该候选框为目标框；当 IOU 为［0.1，0.5）时，该候选框为背景。此阈值约束忽略了 IOU 小于 0.1 时的重要的难分负样本，导致这些特征没能很好地被学习。但是在多个炮孔图像识别中，复杂的围岩背景以及多变的支架阴影、岩块阴影等影响，导致类似炮孔的复杂阴影时常出现，若这些样本不能作为负样本用于训练模型，将导致模型训练结果出现大量的误检测。为解决此问题，Shrivastava 等提出了在线的困难样本挖掘方法（Online Hard Example Mining，OHEM），该方法根据每个候选框的损失来选择多样性和高损失的样本作为难例样本（hard example），用于 Fast R-CNN 检测子网络的训练。

OHEM 算法的核心是选择一些 hard example 作为训练的样本从而改善网络参数效果。该算法关于正负样本的选择为：当一个候选框和一个真实框的 IOU>0.5 时，则为正样本；当一个候选框和所有真实框的 IOU 的最大值均小于 0.5 时为负样本。OHEM 算法的组成包含两个 Fast R-CNN 检测子网络，这两个子网络共享参数。其中前面一个检测子网络只有前向操作，为只读网络，主要用于计算损失并筛选损失值较大的候选框作为 hard example；后面一个检测子网络包括前向和后向操作，以 hard example 作为输入，计算网络损失并回传其梯度，用于网络参数的更新。

本书使用 OHEM 算法改进多个炮孔图像目标检测任务的 Faster R-CNN 模型，如图 5.8 所示。不同于已有研究，本书的难例提取网络应用 block5 残差网络模块，保证只读网络与第二个 Fast R-CNN 检测子网络结构相同，虽然该方法导致训练耗时有稍许增加，但保证了模型结构的一致性和有效性。

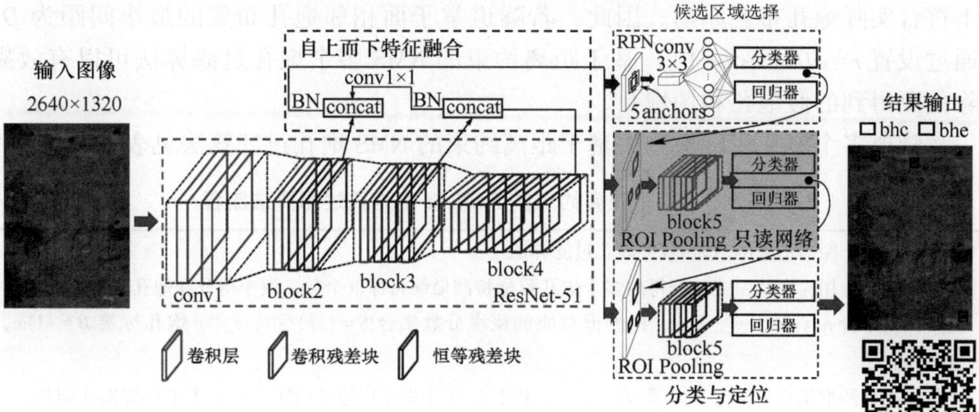

图 5.8 考虑在线困难样本挖掘的 Faster R-CNN 方法

图 5.8 彩图

难分样本挖掘模块将所有候选区域的损失值进行排序，并筛选出损失值较大的 B/N 个样本；最后，B/N 个困难样本输入到第二个 Fast R-CNN 检测子网络进行正常的模型训练。本书实际训练的时候，每个 mini-batch 包含 N=1 张图像，经过 RPN 共产生数千个候选框，再经过只读网络筛选后得到 B=150 个 hard example。

这里有一个问题：考虑正样本与标签存在多个重复的情况，重合率比较大的候选框之间的损失也比较相似。因此，文中采用了非极大值抑制方法，去除重合率较大的冗余候选框。本书设置 IOU 阈值为 0.7，当多个候选框的 IOU 大于 0.7 时，删除概率得分较小的冗余候选框。

5.2.4 基于距离约束的 NMS 多个炮孔过滤算法

基于距离约束的 NMS 炮孔过滤算法的改进原理参见 4.2.3 小节，将该算法用于多个炮孔图像目标检测，不同点是：

（1）需要遍历多个炮孔图像中所有的炮孔预测目标，并剔除可能存在的假炮孔和伪炮孔；

（2）不同类型的炮孔其间距不同，通常周边孔和掏槽孔间距较小，辅助孔间距较大，因此无法设置单一的约束距离 r；

（3）约束距离 r 参照炮孔真实间距取值，而非像素值距离；

（4）隧道断面中不同类型的炮孔布设位置不同，自断面中心向四周分别为掏槽孔、辅助孔和周边孔，因此，对于多个炮孔图像，周边孔和掏槽孔位于单幅炮孔图像的两侧，辅助孔位于图像中间。

基于以上分析，多个炮孔过滤算法的中心思想是，隧道掌子面相邻两个炮孔布置有一定的间距，每个炮孔周围一定范围内有且只有一个炮孔，若深度学习的方法将假炮孔或围岩阴影识别为炮孔目标，必然造成小范围内出现多个炮孔，这不符合实际炮孔布置原则。因此，若隧道掌子面相邻炮孔布置的最小间距为 D，通过设置 $r=\alpha D$（$0<\alpha<1$），基于距离约束的 NMS 多个炮孔过滤算法可以有效剔除预测得到的假炮孔和伪炮孔。

隧道多个炮孔目标检测中基于距离约束的 NMS 炮孔过滤算法见表 5.3。

表 5.3　基于距离约束的 NMS 多个炮孔过滤算法流程

算法：基于距离约束的 NMS 多个炮孔过滤算法
①输入。应用深度学习方法获得的多个炮孔目标检测最终目标框个数、概率得分和炮孔类型。记为：检测框集合 $K=\{k_1,\cdots,k_n\}$、检测框对应的概率分数集合 $S=\{s_1,\cdots,s_n\}$、炮孔标签 $B=\{$bhc、bhe、bhi$\}$。
保留的检测框集合 $P=\varnothing$、约束距离 r_1、r_2，其中 r_1 小于最小周边孔间距，r_2 小于最小辅助孔间距。
②炮孔图像分块：通过设置 2 个横坐标值 x_A、$x_B(x_A<x_B)$，将一副炮孔图像划分为左、中、右三部分，其中最左或最右部分为周边孔或掏槽孔的分布范围，中间部分为辅助孔的分布范围。
③初始化：将集合 K 按照集合 S 中对应的分数由大到小排序，选取 $k_{max}=k_1$、$K=K-k_1$、$P=P\cup k_1$。
④计算框边长 l：选取 bhc 类型概率得分最高的炮孔检测框 k_c，获取其像素值边长 l。
⑤计算中心点坐标：基于检测框 k_i 的左上角（$x_{i,1}$，$y_{i,1}$）和右下角坐标（$x_{i,2}$，$y_{i,2}$），计算获得其中心点坐标
（$x_{i,0}$，$y_{i,0}$），$x_{i,0}=(x_{i,2}-x_{i,1})/2$，$y_{i,0}=(y_{i,2}-y_{i,1})/2$。
⑥计算 k_1 与 k_i 的框间距：$d_i'=((x_{1,0}-x_{i,0})\text{^}2+(y_{1,0}-y_{i,0})\text{^}2)\text{^}(1/2)$。
⑦计算 k_1 与 k_i 的框真实间距：$d_i=l\cdot d_i'/5$
⑧多个炮孔目标过滤：
$i=2$
while $d_i>0$ do
if $x_i<x_A$ 或 $x_i>x_B$：
$d_i<r_1$
$K=K-k_i$
else：
$d_i<r_2$
$K=K-k_i$
$i=i+1$
End while
重复③~⑧，直至遍历结束所有的炮孔检测目标框。
⑨输出：P

注：由于炮孔孔径为 4.2 cm，bhc 类型炮孔预测框边长与炮孔孔径相近，因此，本书将边长 l · 对应的真实距离近似取值为 5 cm，则框真实间距 $d_i=l\cdot d_i'/5$。

5.2.5 Faster R-CNN 模型总结构

应用改进的 ResNet-51 深层卷积神经网络，集成两阶段训练、自上而下多层特征融合、在线困难样本挖掘和基于距离约束的 NMS 多个炮孔过滤算法等策略，本书提出了适用于多个炮孔目标检测的总体 Faster R-CNN 模型，如图 5.9 所示。

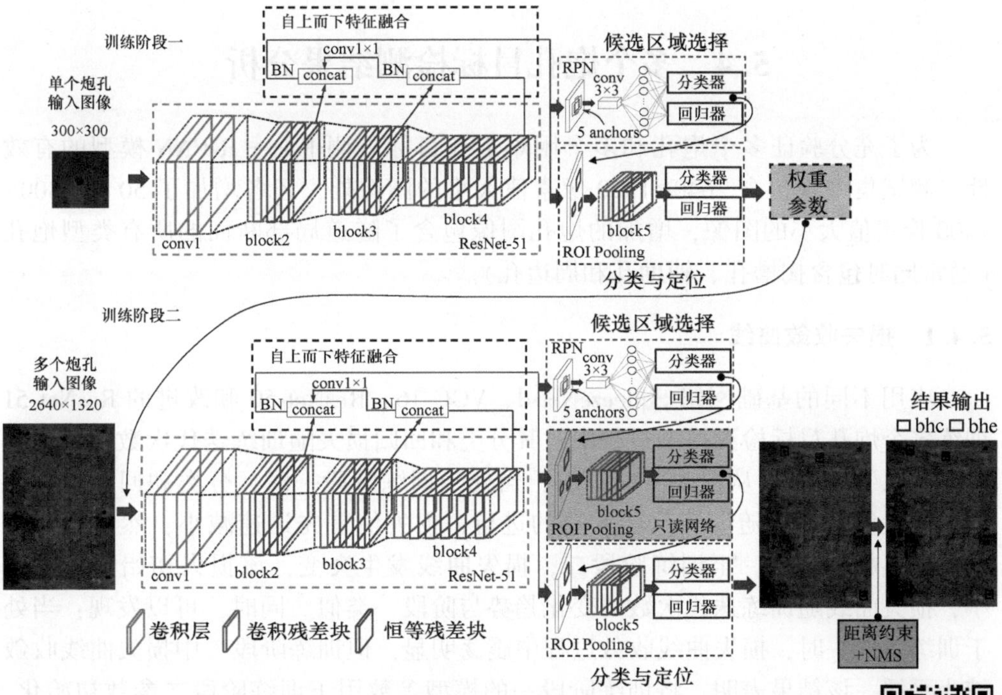

图 5.9 适用于多个炮孔图像目标检测的 Faster R-CNN 总体框架

图 5.9 彩图

5.3 模型训练

进行多个炮孔目标检测 Faster R-CNN 方法采用开源的深度学习框架 TensorFlow 和 Kreas 搭建，选择基础网络 SqueezeNet-d、VGG-16、ResNet-50 和改进的 ResNet-51 进行对比实验。多个炮孔图像数据集共计 9152 幅，采用 9∶1 的比例生成训练集图像 8236 幅和测试集图像 916 幅。模型训练时，固定 iterations = 150000，anchors = 5，max_boxes = 150，base_lr = 1×10^{-5}，每迭代训练 100000 次，缩小 0.1 倍，overlap_threshold = 0.6，其训练流程如图 5.10 所示。

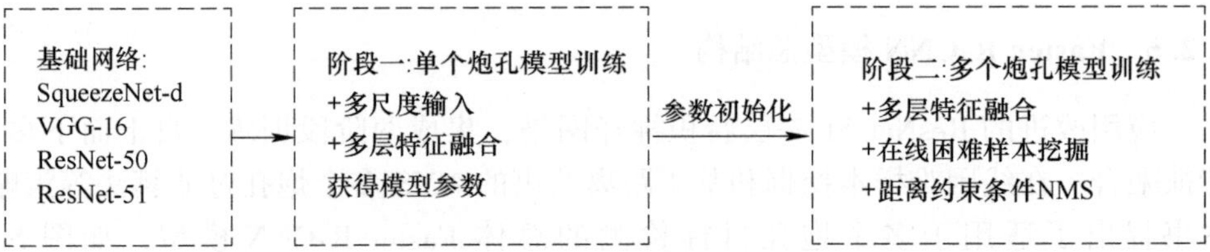

图 5.10　多个炮孔目标检测模型训练过程及工况

5.4　多个炮孔目标检测结果分析

为了充分验证多个炮孔和多个困难炮孔目标检测 Faster R-CNN 模型的有效性，测试集中除包含 2640×1320 像素值大小的图像外，还各增加了 50 幅 3800×1400 像素值大小的图像，增加的炮孔图像包含了隧道局部断面的所有类型炮孔（通常同时包含掏槽孔、辅助孔和周边孔）。

5.4.1　损失收敛曲线

应用不同的基础网络 SqueezeNet-d、VGG-16、ResNet-50 和改进的 ResNet-51 训练多个炮孔目标检测模型过程中，其分类和回归损失随训练迭代次数的收敛曲线如图 5.11 所示。从图中可以看出，当处于训练阶段一时，分类和回归损失值均以较大值开始，随训练迭代计算的进行，损失值首先迅速减小，然后变化平稳，最终趋于稳定。至训练阶段二，损失曲线发生突变，该损失初始值相对较小，损失曲线随训练迭代次数的变化趋势与阶段一类似。同时，可以发现：当处于训练阶段一时，损失曲线收敛过程中震荡明显，但训练阶段二中损失曲线收敛较为平缓。该结果表明：将训练阶段一的模型参数用于训练阶段二参数初始化，有助于模型的收敛和提高模型的训练效果。

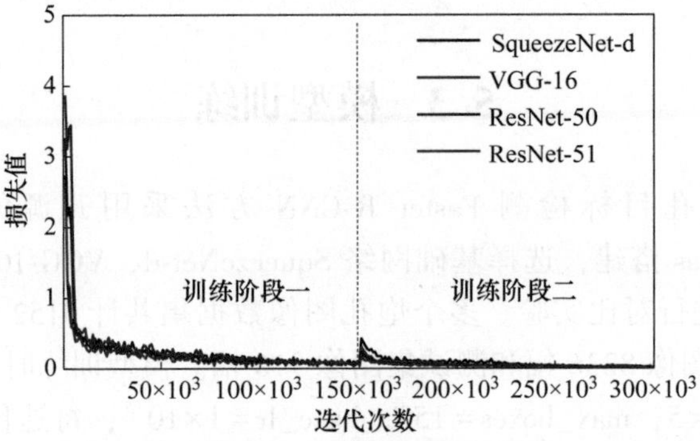

(a)

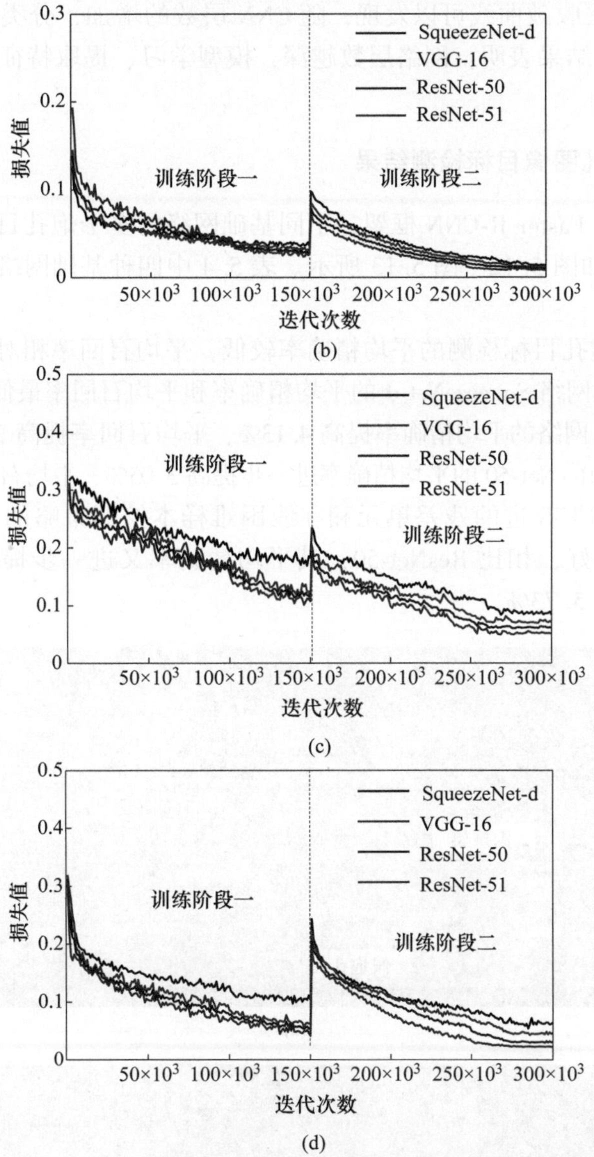

图5.11彩图

图5.11 多个炮孔模型训练损失函数随训练迭代次数的变化曲线

(a) RPN层分类损失；(b) RPN层边框回归损失；

(c) Fast R-CNN全连接层分类损失；(d) Fast R-CNN全连接层边框回归损失

进一步地，在阶段二网络模型训练过程中，分类和回归损失曲线迭代至250000次时，损失值降幅明显减小，至300000次时，损失值已明显趋于稳定。因此，模型训练迭代总次数取值为300000次是合理的。

最后，对比不同基础网络SqueezeNet-d、VGG-16、ResNet-50和改进的

ResNet-51 的损失收敛曲线可以发现，随 CNN 层数的增加，分类和回归损失最终收敛值越小。该结果表明：网络层数越深，模型学习、提取特征及分类和定位的能力越强。

5.4.2　多个炮孔图像目标检测结果

应用改进的 Faster R-CNN 框架，不同基础网络的多个炮孔目标检测结果见表 5.4，结果示例如图 5.12、图 5.13 所示。表 5.4 中四种基础网络的多个炮孔目标检测结果表明：

（1）多个炮孔目标检测的平均精确率较低，平均召回率相对较高；

（2）轻量化网络 SqueezeNet-d 的平均精确率和平均召回率最低，随着网络层数的增加，VGG-16 网络的平均精确率提高 4.13%、平均召回率提高 2.06%，使用残差单元的更深层的 ResNet-50 的平均精确率进一步提高 3.05%、平均召回率提高 2.80%；

（3）采用本书改进的残差单元和在线困难样本挖掘策略的 ResNet-51 网络，炮孔识别效果最好，相比 ResNet-50，其平均精确率又进一步提高了 4.93%、平均召回率提高了 5.73%。

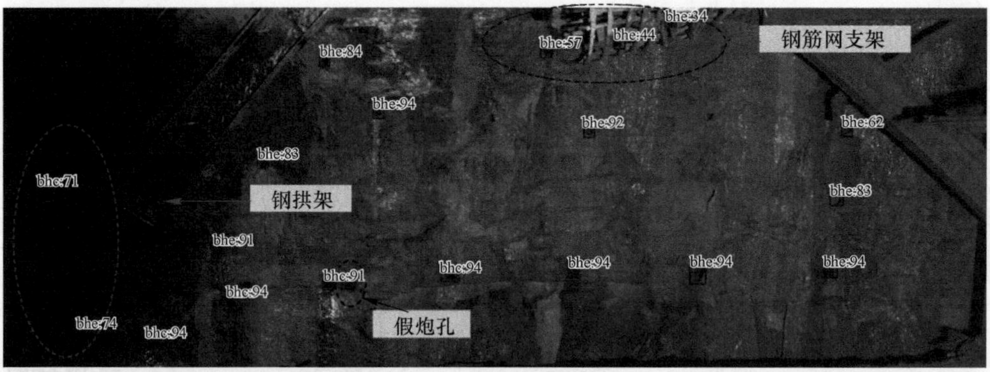

(a)

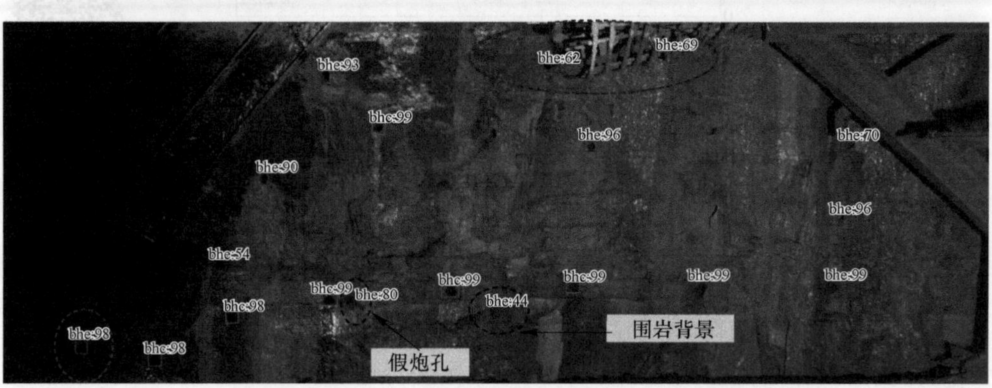

(b)

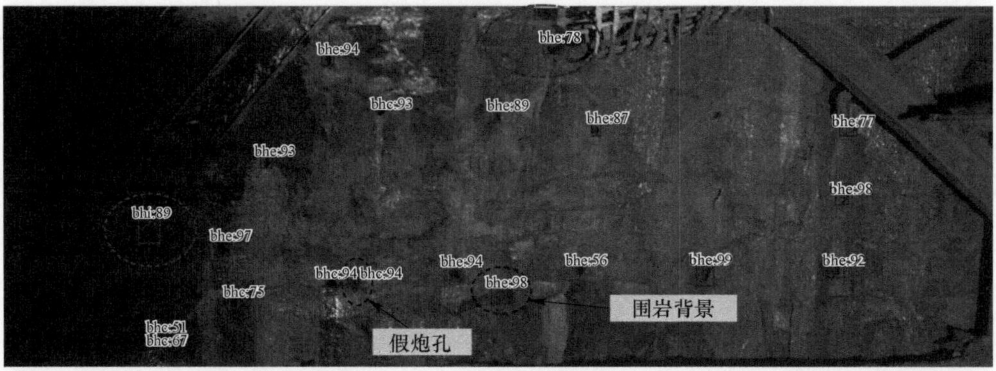

(c)

(d)

图 5.12 隧道上台阶拱腰至拱肩位置的开挖掌子面，岩体较完整

（a）SqueezeNet-d；（b）VGG-16；（c）ResNet-50；（d）ResNet-51

图 5.12 彩图

(a)

(b)

(c)

(d)

图 5.13　隧道上台阶拱脚至拱腰位置的开挖掌子面，
岩体较破碎

（a）SqueezeNet-d；（b）VGG-16；（c）ResNet-50；（d）ResNet-16

图 5.13 彩图

表 5.4 不同网络模型多个炮孔目标检测结果

检测网络	平均精确率/%	平均召回率/%	平均训练时间/s	平均检测时间/s
SqueezeNet-d	64.08	85.16	6035	1.54
VGG-16	68.21	87.22	6174	1.86
ResNet-50	71.26	90.02	6455	1.92
ResNet-51	76.19	95.75	6508	1.92

注：平均精确率为所有多个炮孔图像精确率的均值；平均召回率为所有多个炮孔图像召回率的均值。

图 5.12 所示为多个炮孔图像中包含初期支护钢拱架和凿岩台车钢筋网支架阴影的炮孔目标检测结果，图中红色虚线圈为支架阴影误检炮孔。结果显示：

(1) 钢拱架和钢筋网支架的阴影导致存在多处的误检炮孔；

(2) 局部较暗的围岩背景和个别位置的假炮孔被误检测为炮孔，以上结果是表 5.4 中多个炮孔检测平均精确率较低的主要原因；

(3) 改进的 ResNet-51 网络实现了炮孔目标的全部成功检测，而 SqueezeNet-d、VGG-16 和 ResNet-50 网络对于弱小、分辨率较低的炮孔目标存在漏检。

图 5.13 所示为围岩较为破碎的多个炮孔图像检测试验结果，图中黑色虚线圈为围岩背景误检炮孔。结果显示：

(1) 对比图 5.12 可知，当围岩较为破碎时，周边孔布设发生变化，表现为炮孔间距明显减小，呈“之”形分布，炮孔数量增多且分布密集，同时受钢拱架阴影影响，导致周边孔检测时有误检、漏检现象；

(2) 围岩较为破碎时，类似炮孔的围岩阴影目标增多，导致炮孔误检数量明显增多；

(3) 改进的 ResNet-51 网络可明显减少围岩背景的误检测，炮孔检测具有较好的鲁棒性。

表 5.4、图 5.12 (d) 和图 5.13 (d) 多个炮孔目标检测结果显示：应用 ResNet-51 网络和改进 Faster R-CNN 方法的多个炮孔目标检测，其炮孔平均召回率可达 95.75%，即所有炮孔目标几乎可全部成功识别与定位，表明该改进的炮孔目标检测算法具有较好的实用性。

应用增加距离约束的 NMS 多个炮孔过滤算法对图 5.12 (d) 和图 5.13 (d) 炮孔目标检测结果进行筛选后，结果如图 5.14 所示，图中黄色虚线方框内为未被剔除的伪炮孔，红色虚线方框内为炮孔过滤算法起作用的位置。结果显示：炮孔过滤算法可剔除假炮孔和部分围岩、支架阴影误检炮孔，可进一步提高炮孔识别的平均精确率，本书实验结果显示平均精确率由 76.19%提高为 83.26%。但受炮孔间距的影响，若围岩、支架阴影误检炮孔与真实炮孔的间距大于 NMS 算法约束距离，该情况的误检炮孔无法有效剔除。

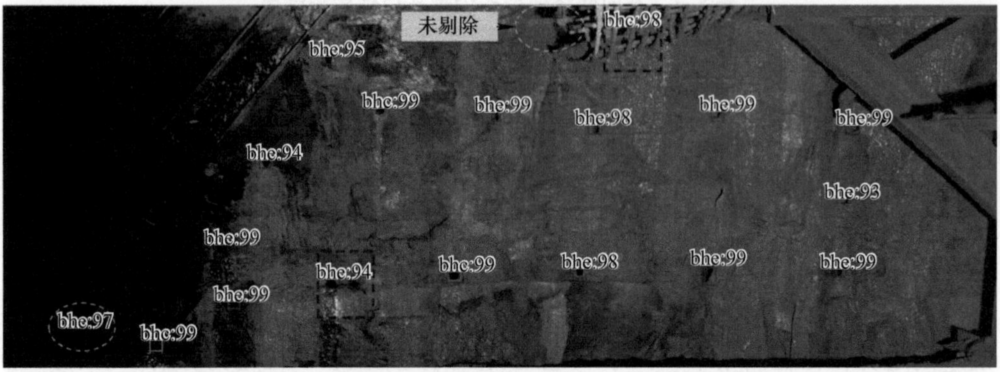

(a)

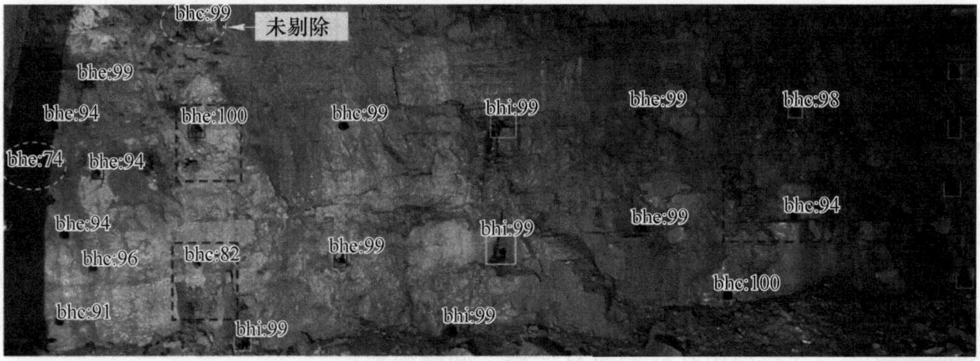

(b)

图 5.14　基于距离约束 NMS 算法的多个炮孔目标检测最终结果示例

(a) 图 5.12 所示例炮孔图像；(b) 图 5.13 所示例炮孔图像

图 5.14 彩图

应用提出的深度学习目标检测方法，可有效实现隧道掌子面炮孔的智能识别，指导隧道技术人员正确判断炮孔的类型及分布情况，其结果可用于进一步提取炮孔数量、间距和分布（见 6.4.3 小节），分析其与爆后隧道成型及超欠挖的影响关系。

针对多个炮孔目标检测的特点，本章采用更深层的 ResNet-51 网络和改进的 Faster R-CNN 方法，实现了多个炮孔较高精度和高召回率的识别与位置标注。主要结论如下。

(1) 对比分析不同基础网络 SqueezeNet-d、VGG-16、ResNet-50 和改进的 ResNet-51 的炮孔目标检测结果，可以发现：将 BN 归一化层和激活层放在卷积层之前，既可对卷积层输入起到规范数据分布的作用，又可实现卷积层输入和输出的一致，有助于提高炮孔目标检测的效果。

（2）基于 ResNet-51 网络，集成两阶段训练、自上而下多层特征融合、在线困难样本挖掘和基于距离约束 NMS 多个炮孔过滤算法的 Faster R-CNN 方法对弱小、数量多且间隔分布的炮孔目标可成功识别与定位。

（3）多个炮孔目标检测的分类标签（bhc、bhe 和 bhi）可有效用于辅助孔、周边孔、掏槽孔和破碎岩体的判断。

参 考 文 献

[1] He K, Zhang X, Ren S, et al. Deep residual learning for image recognition [C] //Proceedings of the IEEE Conference on Computer Vision and Pattern Recognition, 2016: 770-778.

[2] Lin T Y, Dollár P, Girshick R, et al. Feature pyramid networks for object detection [C] // Proceedings of the IEEE Conference on Computer Vision and Pattern Recognition, 2017: 2117-2125.

[3] Long J, Shelhamer E, Darrell T. Fully convolutional networks for semantic segmentation [C] // Proceedings of the IEEE Conference on Computer Vision and Pattern Recognition, 2015: 3431-3440.

[4] Girshick R, Donahue J, Darrell T, et al. Rich feature hierarchies for accurate object detection and semantic segmentation [C] // Proceedings of the IEEE conference on computer vision and pattern recognition, 2014: 580-587.

[5] He K, Zhang X, Ren S, et al. Identity mappings in deep residual networks [J]. Springer, Cham, 2016.

[6] Shrivastava A, Gupta A, Girshick R. Training region-based object detectors with online hard example mining [J]. IEE Computer Society, 2016: 761-769.

[7] Tran G S, Nghiem T P, Nguyen V T, et al. Improving accuracy of lung nodule classification using deep learning with focal loss [J]. Journal of Healthcare Engineering, 2019.

[8] 李欢，郑静．基于 Focal Loss-2 函数的中文短文本情感分类研究［J］．杭州电子科技大学学报（自然科学版），2019，39（3）：54-59.

6 节理岩体隧道光面爆破参数优化

节理岩体隧道钻爆开挖过程中，以水平层理岩体为例，隧道拱顶易离层以致平顶、拱肩易发生错台掉块以及拱腰呈“之”字形破坏，导致围岩损伤范围大及超挖严重。针对这一问题，首先从爆破动力作用和开挖完成后静载作用方面、周边孔爆破损伤范围以及层理结构面与周边孔炮孔连线夹角变化等方面分析了水平层状岩体隧道断面不同部位围岩失稳和成型机理，进而从周边孔炮孔间距、光爆层厚度、装药集中度、装药结构、掏槽孔最大装药量以及增设空孔等方面提出了光面爆破参数优化方法，经现场光爆试验验证了优化后光面爆破参数的有效性。另外，为充分利用第 5 章多个炮孔图像目标检测结果，建立隧道炮孔总数量、炮孔间距及装药量等参数与拱顶下沉、超欠挖和块石大小的非线性映射关系，依据智能优化理论，建立了隧道光面爆破参数优化数学模型及求解方法，并采用粒子群优化算法与深层 BP 神经网络耦合模型进行了蟠龙山隧道光面爆破参数优化，为水平层状岩体隧道光爆参数优化提供了一种简单实用的智能化方法。

6.1 蟠龙山隧道光面爆破现场调研

6.1.1 工程地质情况

蟠龙山隧道光爆试验段里程左洞为 ZK80+206~ZK80+267，Ⅳ级围岩，埋深 120~140 m；右洞为 YK80+112~YK80+168，Ⅲ级围岩，埋深 86~101 m。试验段隧道洞身岩体为中风化灰岩，中薄层状结构，层间结合一般，节理裂隙较发育，与水平层理切割明显，岩体较破碎~局部较完整，属较软岩~较坚硬岩。蟠龙山隧道围岩概况见表 6.1。由于该隧道主要采用上、下台阶法施工，根据隧道爆破开挖工程经验和现场调研，上台阶对隧道超欠挖影响最大。因此，隧道爆破现场试验均在上台阶进行。

表 6.1 蟠龙山隧道围岩概况

左、右线	隧道桩号		围岩级别/m			全长/m	围岩岩性
	进口	出口	Ⅲ级	Ⅳ级	Ⅴ级		
左线	ZK78+345	ZK81+230	1295	652	938	2885	中风化灰岩
右线	YK78+345	YK81+220	971	997	907	2875	中风化灰岩

6.1.2 试验前隧道光面爆破参数

现场试验前原光面爆破炮孔参数如图 6.1 所示，其中图 6.1（a）（b）分别为Ⅲ级、Ⅳ级围岩炮孔布置参数，炮孔孔径均为 ϕ42 mm。试验段爆破开挖每循环进尺约为 4.0 m。

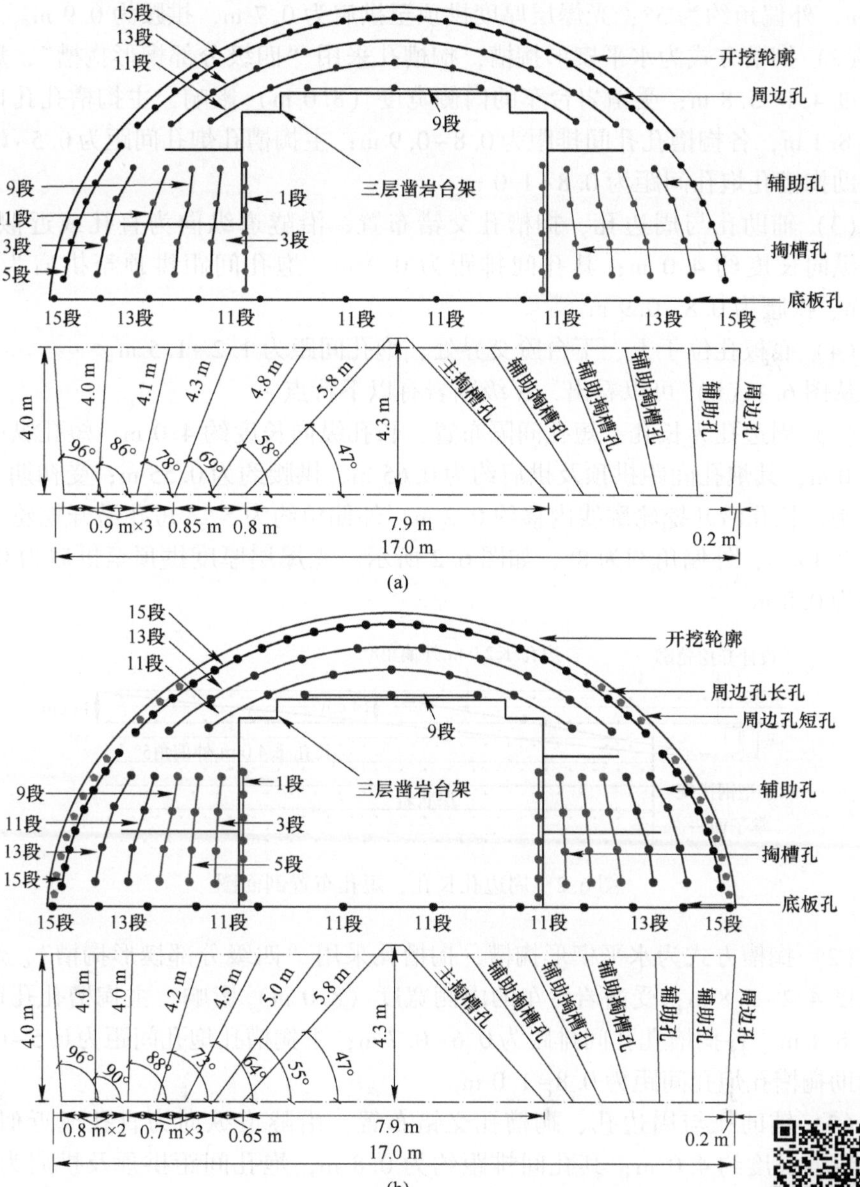

图 6.1 试验前期原炮孔参数及雷管段别

（a）Ⅲ级围岩；（b）Ⅳ级围岩

图 6.1 彩图

6.1.2.1　炮孔参数

从图 6.1（a）可以看出，Ⅲ级围岩有以下几个特点。

（1）周边孔均为长孔，炮孔纵向长度约 4.0 m；其炮孔间距拱顶及拱肩约为 0.65 m、拱腰约为 0.55 m；受初期支护拱架限制，周边孔沿开挖轮廓线内移约 0.2 m，外偏角约为 5°；光爆层厚度拱顶至拱肩为 0.7 m，拱腰为 0.9 m。

（2）掏槽方式为水平楔形掏槽，掏槽孔采用“四级分部楔形掏槽”，炮孔纵向长度 4.1~5.8 m；受凿岩台车的内侧宽度（8.0 m）影响，主掏槽孔孔口距为 7.9~8.1 m，各掏槽孔孔间排距为 0.8~0.9 m；主掏槽孔炮孔间距为 0.5~0.7 m，各辅助掏槽孔炮孔间距为 0.8~1.0 m。

（3）辅助孔与周边孔、掏槽孔交错布置，沿隧道纵向为直孔或近似直孔，炮孔纵向长度约 4.0 m；其孔间排距为 0.9 m，炮孔间距拱顶至拱肩为 1.0~1.5 m、拱腰为 0.8~0.9 m。

（4）底板孔位于上、下台阶交界处，炮孔间距为 1.2~1.5 m。

从图 6.1（b）可以看出，Ⅳ级围岩有以下特点。

（1）周边孔为长孔、短孔间隔布置，长孔纵向长度约 4.0 m，短孔纵向长度约 2.0 m；其炮孔间距拱顶及拱肩约为 0.65 m、拱腰约为 0.55 m；受初期支护拱架限制，长孔沿开挖轮廓线内移约 0.2 m，外偏角约为 5°，短孔沿开挖轮廓线内移约 0.14 m，外偏角约为 8°，如图 6.2 所示。光爆层厚度拱顶至拱肩为 0.7 m，拱腰为 0.8 m。

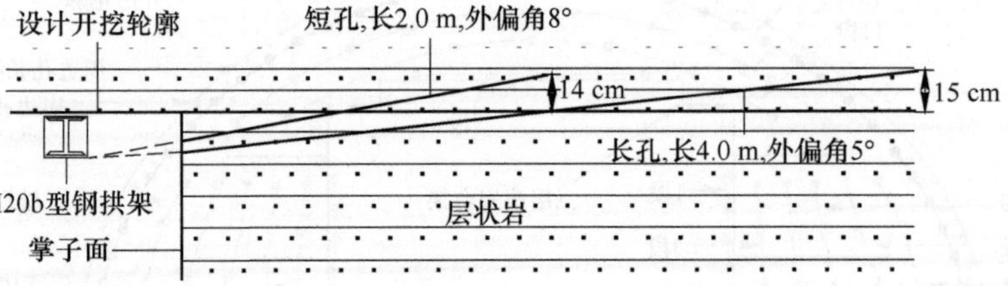

图 6.2　周边孔长孔、短孔布置剖面图

（2）掏槽方式为水平楔形掏槽，掏槽孔采用“四级分部楔形掏槽”，炮孔纵向长度 4.2~5.8 m；受凿岩台车的内侧宽度（8.0 m）影响，主掏槽孔孔口距为 7.9~8.1 m，各掏槽孔孔间排距为 0.6~0.7 m；主掏槽孔炮孔间距为 0.5~0.7 m，各辅助掏槽孔炮孔间距为 0.8~1.0 m。

（3）辅助孔与周边孔、掏槽孔交错布置，沿隧道纵向为直孔或近似直孔，炮孔纵向长度约 4.0 m；其孔间排距约为 0.8 m，炮孔间距拱顶及拱肩为 1.0~1.5 m、拱腰为 0.8~0.9 m。

（4）底板孔位于上、下台阶交界处，炮孔间距为 1.2~1.5 m。

6.1.2.2 炸药参数

钻爆开挖炸药使用 2 号岩石乳化炸药，药卷规格为 ϕ32 mm×300 mm（直径×长度），单个药卷重量为 0.3 kg，其主要性能指标见表 6.2。单孔装药量以线装药量表示，周边孔为 0.15 ~ 0.25 kg/m，辅助孔为 0.25 ~ 0.55 kg/m，掏槽孔为 0.55~0.75 kg/m，底板孔为 0.60~0.90 kg/m，装药量自掌子面中心至外围开挖轮廓方向依次减少。

表 6.2 2 号岩石乳化炸药主要性能

炸药名称	药卷密度 /(g·cm^{-3})	爆速 /(m·s^{-1})	猛度/mm	殉爆/cm	作业能力 /mL
2 号岩石乳化炸药	0.95~1.30	≥3.2×10^3	≥12	≥3	≥260

6.1.2.3 装药结构

炮孔采用不耦合连续装药结构，不耦合系数为 1.31。其中周边孔为孔底集中装药，炮孔孔口不堵塞。

6.1.2.4 爆破网络

整个隧道断面炮孔炸药起爆采用 1~15 段毫秒延期导爆管雷管，上台阶起爆顺序由内向外逐排进行。拱顶至拱肩位置分为左中右三部分，每一部分簇联后经传爆雷管引爆；拱腰位置为左右两部分，每一部分簇联后经传爆雷管引爆。

基于现场统计结果，Ⅲ级围岩上台阶原光面爆破炮孔参数及装药量参数详见表 6.3，其中周边孔拱顶单孔状药量为 0.6 kg，拱腰底部单孔状药量为 1.2 kg；Ⅳ级围岩上台阶原掘进爆破炮眼参数及装药量参数详见表 6.4，其中拱顶至拱肩位置的短孔装药量为 0.15 kg，拱腰位置的短孔装药量为 0.3 kg。

表 6.3 Ⅲ级围岩隧道爆破参数

部位	炮孔分类	段别/段	排距/m	孔数/个	孔长/m	单孔药量/kg	总药量/kg
拱顶至拱肩	周边孔	15	—	23	4.0	0.6/0.9	16.2
	辅助孔	13	0.60	10	4.0	1.2	12.0
		11	0.60	7	4.0	1.5	10.5
		9	0.65	3	4.0	1.8	5.4
拱腰	周边孔	15	—	16	4.0	0.9/1.2	16.8
	辅助孔	13	0.90	8	4.0	1.8	14.4
	掏槽孔	11	0.90	8	4.1	2.4	19.2
		9	0.90	8	4.3	3.0	24.0
		3	0.80	8	4.8	3.3	26.4
		1	0.80	14	5.8	3.6	50.4

续表 6.3

部位	炮孔分类	段别/段	排距/m	孔数/个	孔长/m	单孔药量/kg	总药量/kg
拱腰	底板孔	15	—	2	4.2	2.7	5.4
		13	—	4	4.2	3.0	12.0
		11	—	6	4.2	3.3	19.8
合计				117			232.5

表 6.4　Ⅳ级围岩隧道爆破参数

部位	炮孔分类	段别/段	排距/m	孔数/个	孔长/m	单孔药量/kg	总药量/kg
拱顶至拱肩	长孔	15	—	23	4.0	0.6	13.8
	短孔	15	—	6	2.0	0.3	1.8
	辅助孔	13	0.60	10	4.0	0.9	9.0
		11	0.60	7	4.0	1.2	8.4
		9	0.65	3	4.0	1.5	4.5
拱腰	长孔	15	—	16	4.0	0.9	14.4
	短孔	15	—	16	2.0	0.15/0.3	3.6
	辅助孔	13	0.80	8	4.0	1.2	9.6
		11	0.80	8	4.0	1.8	14.4
	掏槽孔	9	0.70	8	4.2	2.1	16.8
		5	0.70	8	4.5	2.4	19.2
		3	0.70	8	5.0	2.7	21.6
		1	0.60	14	5.8	3.0	42
	底板孔	15	—	2	4.2	2.7	5.4
		13	—	4	4.2	2.7	10.8
		11	—	6	4.2	2.7	16.2
合计				147			211.5

6.1.3 试验前隧道光面爆破开挖效果

6.1.3.1　隧道围岩破坏特征

隧道右线 YK80+146.7~YK80+166.2 采用原Ⅲ级围岩爆破参数，爆破开挖 5 次，左线 ZK80+239.6~ZK80+263.0 采用原Ⅳ级围岩爆破参数，爆破开挖 6 次。隧道断面 YK80+142.3 爆后围岩破坏特征如图 6.3 所示；隧道断面 ZK80+246.5 爆后围岩破坏特征，如图 6.4 所示。

从图 6.3、图 6.4 可以看出，爆破开挖至围岩清渣完成后发现：隧道层理近

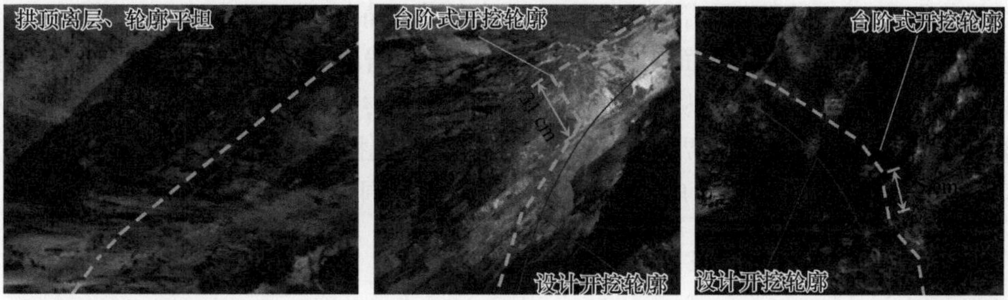

(a)　(b)　(c)

图 6.3　原爆破方案下Ⅲ级围岩爆后特征分布

（a）拱顶；（b）左拱肩；（c）右拱肩

图 6.3 彩图

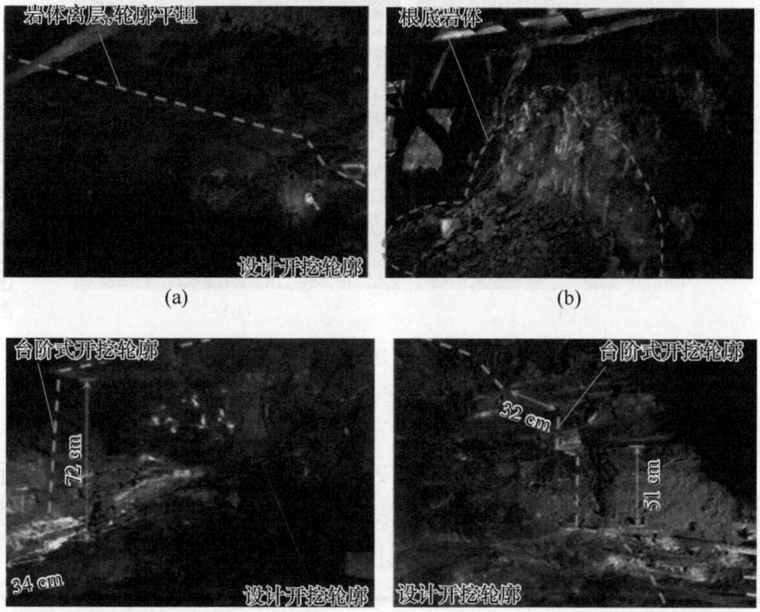

图 6.4　原爆破方案下Ⅳ级围岩爆后特征分布

（a）拱顶；（b）中部掌子面；（c）左拱肩；（d）右拱肩

图 6.4 彩图

似水平，层理间距不一，最小为几厘米，最大为几十厘米；Ⅲ级围岩岩体破碎程度较小，Ⅳ级围岩岩体较破碎。从图 6.3（a）、图 6.4（a）可以看出，隧道拱顶岩体沿层理面整体脱落，以致拱顶平坦形似“门框”，超挖明显，隧道轮廓成型差。从图 6.3（b）、图 6.3（c）、图 6.4（c）和图 6.4（d）可以看出，隧道拱肩岩体呈“台阶式”分布，错台高度和宽度不一，Ⅲ级围岩台阶高度略小，最大高度为 31 cm，Ⅳ级围岩台阶高度和宽度较大，最大分别为 72 cm 和 34 cm，超挖严重；此外，台阶断裂面表面含泥，表明层状岩体内部赋存明显的竖向节理，其与水平层理相互切割。从图 6.4（b）可以看出，隧道掌子面中底部岩体较完整，爆后在上、下台阶交界面处存在一定范围的欠挖，表现为高 1.5~2.0 m，宽度 2.0~4.0 m 的大体积根底，基底以上 0.5 m 范围最明显。

6.1.3.2　隧道断面超欠挖

初期支护施作前，隧道实际进尺及毛洞断面超欠挖情况采用 Leica TCA 全站仪和 BJSD-3 型激光断面仪进行测量，如图 6.5 所示。

(a)　　(b)

图 6.5 彩图

图 6.5　爆后开挖进尺、围岩变形及断面超欠挖量测

（a）开挖进尺及围岩变形量测；（b）超欠挖量测

选取Ⅲ级围岩、Ⅳ级围岩上台阶各 2 次连续最大超挖实例，统计断面超欠挖情况如图 6.6 和图 6.7 所示，图中正值表示超挖，负值表示欠挖。实测爆破开挖进尺Ⅲ级围岩为 3.91 m、3.89 m，Ⅳ级围岩为 3.85 m 和 3.78 m。

从图 6.6 和图 6.7 可以看出，爆后隧道拱部超挖严重，表现为拱顶岩层整体脱落，拱肩位置超挖最大；拱脚位置及掌子面中底部存在局部欠挖。图 6.6 显示：Ⅲ级围岩隧道毛洞最大线性超挖拱顶为 27.6 cm 和 24.7 cm，左拱肩为 52.8 cm 和 54.1 cm，右拱肩为 49.5 cm 和 50.4 cm，左拱腰为 28.3 cm 和 31.2 cm，右拱腰为 27.5 cm 和 29.3 cm，左拱脚为 2.1 cm 和−14.7 cm，右拱脚为−13.5 cm 和−12.8 cm；掌子面中底部最大线性欠挖为−13.7 cm 和−12.0 cm；2 次爆破形成的断面超挖面积分别为 8.55 m^2 和 8.22 m^2。图 6.7 显示：Ⅳ级围岩隧道毛洞最大线性超挖拱顶为 39.0 cm 和 35.2 cm，左拱肩为 82.5 cm 和 80.1 cm，右拱肩为 81.2 cm 和 75.3 cm，左拱腰为 31.5 cm 和 35.8 cm，右拱腰为 30.6 cm 和 30.2 cm；掌子面中底部最大线性欠挖为−56.5 cm 和−53.1 cm。2 次爆破形成的断面超挖面积分别为 13.17 m^2 和 11.16 m^2。

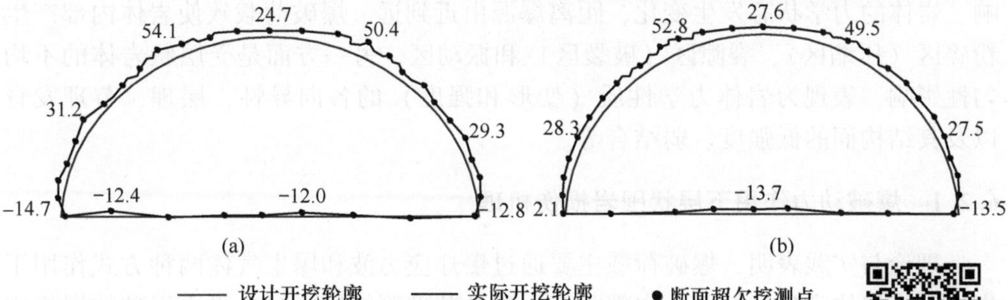

图 6.6 Ⅲ级围岩原爆破方案下断面超欠挖情况（单位：cm）

（a）YK80+158.3 断面；（b）YK80+150.5 断面

图 6.6 彩图

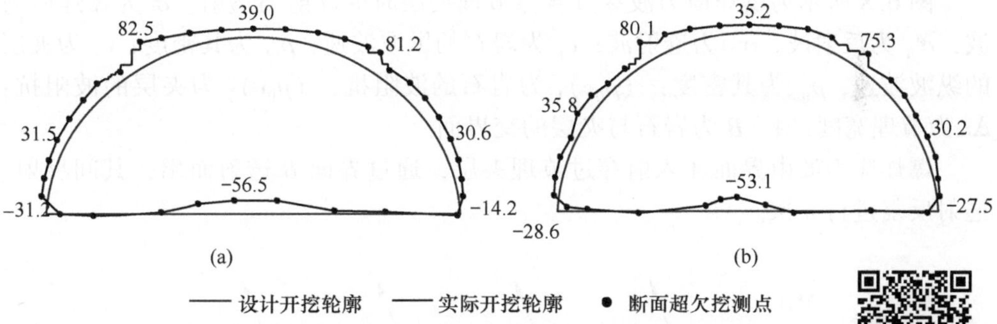

图 6.7 Ⅳ级围岩原爆破方案下断面超欠挖情况（单位：cm）

（a）ZK80+250.4 断面；（b）ZK80+246.5 断面

图 6.7 彩图

根据《公路隧道施工技术规范》（JTG/T 3660—2020）：炮孔深度不大于 3.0 m 时，拱部最大允许超挖 250 mm，边墙最大允许超挖 100 mm；炮孔深度大于 3.0 m 时，拱部及边墙最大允许超挖值可根据实际情况另行确定。本书拱部最大允许超挖参考规范值取为 250 mm，拱腰最大允许超挖取拱部与边墙的均值为 175 mm。由图 6.6 和图 6.7 可知，通过与允许超挖值对比分析，Ⅲ级围岩隧道拱顶超挖超出允许值最大 10.4%，拱肩超挖超出允许值最大 116.4%，拱腰超挖超出允许值最大 78.3%；Ⅳ级围岩隧道拱顶超挖超出允许值最大 56.0%，拱肩超挖超出允许值最大 230.0%，拱腰超挖超出允许值最大 104.6%。

6.2 水平层状岩隧道爆后成形机理分析

水平层状岩隧道光面爆破完成后拱顶岩体出现大面积离层，拱肩岩体呈明显的错台分布，隧道拱部轮廓成型较差。分析其原因：一方面是受爆破荷载作用影响，岩体的力学状态发生变化，距离爆源由近到远，爆破荷载致使岩体内部产生粉碎区（压缩区）、裂隙区（破裂区）和振动区。另一方面是受层状岩体的不均匀性影响，表现为岩体力学性质（变形和强度）的各向异性，层理、节理发育以及其结构面的低强度、弱结合等。

6.2.1　爆破动力作用下层状围岩损伤机理

理论与实践表明，爆破荷载主要通过爆炸应力波和爆生气体两种方式作用于岩体。当岩体完整性较差，内部赋存层理及节理等结构面时，光面爆破的爆炸应力波及爆生气体的作用常会导致隧道开挖轮廓线不规则，造成超欠挖。

6.2.1.1　层理、节理对爆炸应力波的影响机理

图 6.8 所示为爆炸应力波穿过岩体节理夹层时的反射与透射。σ 为爆炸应力波，σ_R 为反射波，σ_T 为透射波；c_1 为岩石的纵波波速，ρ_{01} 为其密度；c_2 为夹层的纵波波速，ρ_{02} 为其密度；$(\rho_0 c)_1$ 为岩石的波阻抗，$(\rho_0 c)_2$ 为夹层的波阻抗；Δr 为节理宽度；A、B 为岩石与夹层的交界面。

爆炸应力波由界面 A 入射穿过节理夹层，通过界面 B 透射而出，其间反射、透射反复进行 n 次。

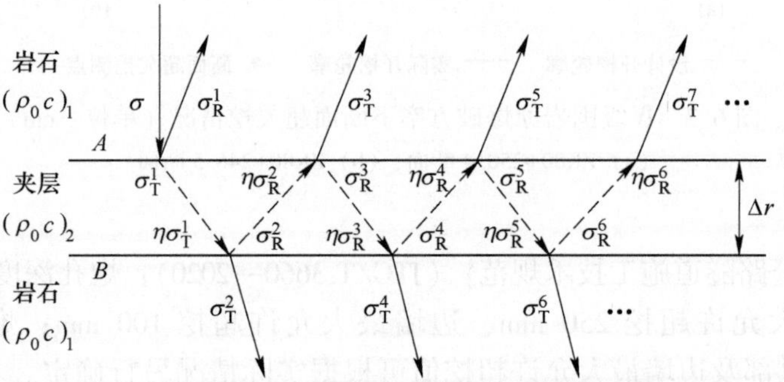

图 6.8　爆炸应力波穿过节理夹层时的反射与透射

应力波在交界面的反射波、透射波可表示为式（6.1）：

$$\sigma_T^1 = \varphi_{T12}\sigma,\ \sigma_R^1 = -\varphi_{R12}\sigma;$$
$$\sigma_T^2 = \varphi_{T21}\eta\sigma_T,\ \sigma_R^2 = -\varphi_{R21}\eta\sigma_T;$$
$$\sigma_T^3 = -\varphi_{T21}\eta\sigma_R^2,\ \sigma_R^3 = \varphi_{R21}\eta\sigma_R^2;$$
$$\cdots$$
$$\sigma_T^n = (-1)^n\varphi_{T21}\eta\sigma_R^{n-1},\ \sigma_R^n = (-1)^{n-1}\varphi_{R21}\eta\sigma_R^{n-1}\quad (n = 1,\ 2,\ 3,\ \cdots) \tag{6.1}$$

式中　η——爆炸应力波穿过夹层的衰减系数；

φ_{T12}——波由岩石到夹层的透射系数；

φ_{R12}——反射系数；

φ_{T21}——波由夹层到岩石的透射系数；

φ_{R21}——反射系数，其表达式见式（6.2）：

$$\begin{cases} \varphi_{T12} = \dfrac{2(\rho_0 c)_2}{(\rho_0 c)_1 + (\rho_0 c)_2}, \ \varphi_{R12} = \dfrac{(\rho_0 c)_2 - (\rho_0 c)_1}{(\rho_0 c)_1 + (\rho_0 c)_2} \\ \varphi_{T21} = \dfrac{2(\rho_0 c)_1}{(\rho_0 c)_1 + (\rho_0 c)_2}, \ \varphi_{R21} = \dfrac{(\rho_0 c)_1 - (\rho_0 c)_2}{(\rho_0 c)_1 + (\rho_0 c)_2} \end{cases} \tag{6.2}$$

爆炸应力波 σ 经过节理内充填物质的反射和透射后，分别由 A、B 界面反射和透射出的应力 σ_A、σ_B 为：

$$\begin{aligned} \sigma_A &= \sigma_R^1 + \sigma_T^3 + \sigma_T^5 + \cdots + \sigma_T^n \quad n = 1, 3, 5, \cdots \\ \sigma_B &= \sigma_T^2 + \sigma_T^4 + \sigma_T^6 + \cdots + \sigma_T^n \quad n = 2, 4, 6, \cdots \end{aligned} \tag{6.3}$$

将式（6.1）、式（6.2）代入式（6.3）整理得式（6.4）、式（6.5）：

$\sigma_A = \sigma_R^1 + \sigma_T^3 + \sigma_T^5 + \sigma_T^7 + \cdots$，即

$$\sigma_A = \frac{(\rho_0 c)_2 - (\rho_0 c)_1}{(\rho_0 c)_1 + (\rho_0 c)_2} \cdot \sigma + \frac{2(\rho_0 c)_1}{(\rho_0 c)_1 + (\rho_0 c)_2} \cdot \frac{2(\rho_0 c)_2}{(\rho_0 c)_1 + (\rho_0 c)_2} \cdot \frac{(\rho_0 c)_1 - (\rho_0 c)_2}{(\rho_0 c)_1 + (\rho_0 c)_2} \cdot \eta^2 \cdot \sum_{i=2}^{n} \left[(-1)^m \left(\eta \cdot \frac{(\rho_0 c)_1 - (\rho_0 c)_2}{(\rho_0 c)_1 + (\rho_0 c)_2} \right)^{2m} \right] \cdot \sigma$$

$$m = 0, 1, 2, \cdots; \ n = 3, 5, 7, \cdots; \ n = 2m + 3 \tag{6.4}$$

$\sigma_B = \sigma_T^2 + \sigma_T^4 + \sigma_T^6 + \sigma_T^8 + \cdots$，即

$$\sigma_B = \frac{2(\rho_0 c)_1}{(\rho_0 c)_1 + (\rho_0 c)_2} \cdot \frac{2(\rho_0 c)_2}{(\rho_0 c)_1 + (\rho_0 c)_2} \cdot \eta \cdot \left[1 + \sum_{i=4}^{n} (-1)^m \left(\eta \cdot \frac{(\rho_0 c)_1 - (\rho_0 c)_2}{(\rho_0 c)_1 + (\rho_0 c)_2} \right)^{2m} \right] \cdot \sigma$$

$$m = 1, 2, 3, \cdots; \ n = 4, 6, 8, \cdots; \ n = 2m + 2 \tag{6.5}$$

由式（6.4）和式（6.5）可知，节理夹层的波阻抗与岩石的波阻抗相差越大，节理夹层的间距越大，对爆炸应力波的阻隔作用越强。彭恒研究表明，若 $(\rho_0 c)_1/(\rho_0 c)_2 = 0.1$，且爆炸应力波在节理内反射一次，则仅有 33.1%的应力波通过节理。

6.2.1.2　层理、节理对爆生气体的影响机理

爆生气体约含炸药总能量的一半以上，爆炸应力波作用完成后，爆生气体迅速膨胀以致充满爆腔，以准静态压力的形式作用在腔壁上，导致爆腔体积继续增大。爆生气体的初始压力很高，随着气体膨胀，压力逐渐减小。计算时，分两个

过程考虑，初始阶段气体压力大于临界压力，采用凝聚体炸药状态方程：

$$PV^{\xi} = c \tag{6.6}$$

式中　P——气体压力；

V——气体体积；

ξ——爆生气体等熵指数，$\xi=3$；

c——常数。

第二阶段为爆生气体继续膨胀达到临界压力时，遵循理想气体方程式：

$$PV^{\gamma} = c' \tag{6.7}$$

式中　γ——理想气体的等熵指数，$\gamma=1.5$；

c'——常数。

在径向裂纹扩展过程中，爆生气体贯入到裂隙内部形成气楔作用。

对于节理夹层的层状岩体光面爆破，爆炸应力波的传播受阻，爆破产生裂缝范围小且向距离夹层最近的方向扩展。之后爆生气体沿裂缝膨胀，经过软弱夹层气体压力迅速减小，致使夹层进一步破坏，造成距离爆源较近的岩层耗散掉绝大部分爆炸能量。当装药量大，软弱夹层破坏后爆生气体仍有剩余能量时，夹层间的完整岩块将被推动、抛向自由面。对于远离开挖轮廓线的岩体，爆破后由于自由面的形成而失去夹制作用，在其上部围岩压力、自身重力和震动等作用下，很容易发生掉块现象。

6.2.2　水平层岩隧道开挖断面不同部位成形机理

由 6.1.3 节隧道光面爆破效果可知，水平层状岩体隧道光面爆破破坏以拱顶和拱肩处较严重，拱腰处次之。由于周边孔爆破对隧道开挖轮廓成型影响最为重要，因此，进一步从周边孔爆破损伤范围、周边孔炮孔连线与节理夹角的共同作用方面分析其对水平层岩隧道断面不同部位成型的影响。

6.2.2.1　节理对光面爆破开裂面的影响机理

A　周边孔爆破作用机理

隧道光面爆破周边孔多为数十个，为了得到理想的隧道轮廓，周边孔为多个炮孔联合起爆，若隧道围岩体是均质岩体，则将沿炮孔连线方向形成断裂面。现取相邻两个周边孔进行分析，阐明炮孔之间贯穿裂缝的形成，如图 6.9 所示。图中 A、B 为两个周边孔，A、B 连线为隧道轮廓线的一段。炮孔起爆后，爆炸应力波以柱面波的形式向四周传播，相邻炮孔的爆炸应力波在两炮孔连线中点相遇，应力波切向分量相互叠加，且垂直于炮孔连线方向，以致在岩体内部产生切向拉伸应力。其拉应力在炮孔连线中点处最大，因此裂缝首先在此处开始，然后沿着炮孔连线方向向两侧发展，最终形成隧道光面爆破的开挖轮廓面。

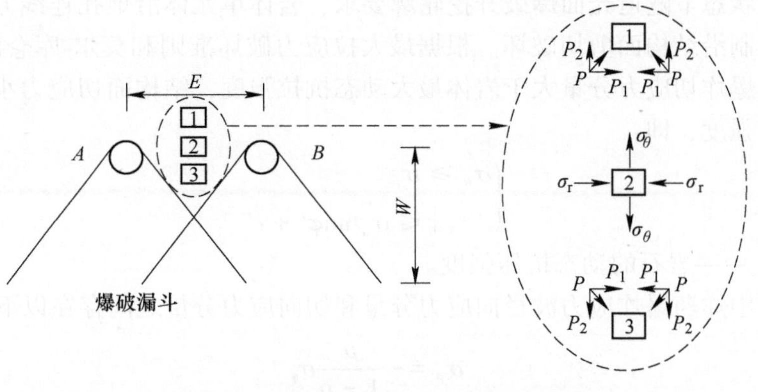

图 6.9 光面爆破周边孔爆破作用机理

B 节理对周边孔爆破作用的影响

隧道光面爆破过程中，若围岩体中包含大量的层理、节理等结构面，则周边孔连心线上的应力波叠加将受到影响。现以两炮孔中间存在一组节理结构面进行分析，首先，考虑单个节理结构面夹角变化阐释其对隧道爆破成型效果的影响，如图 6.10 所示。图 6.10 中，α 为节理结构面法线与炮孔连线断裂面的夹角，β 为节理结构面与炮孔连线断裂面的夹角。

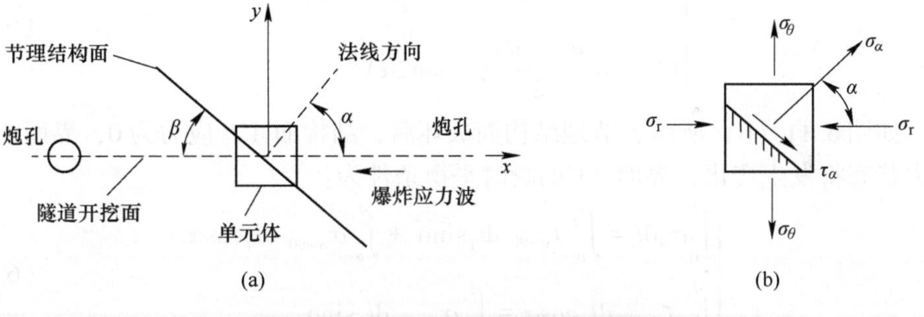

图 6.10 节理对周边孔爆破作用机理

（a）炮孔连线断裂面与节理面关系；（b）节理面处单元体应力状态

如图 6.10（b）所示，节理结构面处的岩体单元体可能发生两种破坏形式：

（1）沿炮孔连线破坏，形成隧道光面爆破断裂面；

（2）沿节理结构面方向破裂，隧道轮廓成型效果受到影响。

根据弹性应力分析，节理结构面上的正应力 σ_α 和切应力τ_α 公式如下：

$$\begin{cases}\sigma_\alpha = \dfrac{\sigma_r + \sigma_\theta}{2} + \dfrac{\sigma_r - \sigma_\theta}{2}\cos 2\alpha \\ \tau_\alpha = \dfrac{\sigma_r - \sigma_\theta}{2}\sin 2\alpha\end{cases} \tag{6.8}$$

理想状态下隧道光面爆破开挖轮廓要求，岩体单元体沿炮孔连线方向拉伸断裂，而抑制沿结构面剪切破坏。根据最大拉应力破坏准则和莫尔-库仑破坏准则，单元体处爆炸切应力分量大于岩体最大动态抗拉强度，结构面切应力小于节理结构面抗剪强度，即：

$$\begin{cases} \sigma_\theta \geqslant \sigma_{\mathrm{td}} \\ \left| \tau_\alpha \right| \leqslant \sigma_\alpha \tan\varphi^j + c^j \end{cases} \tag{6.9}$$

式中　σ_{td}——岩石的动态抗压强度。

岩石中炸药爆炸应力波径向应力分量和切向应力分量之间存在以下关系：

$$\sigma_\theta = -\frac{\mu}{1-\mu}\sigma_r \tag{6.10}$$

将式（6.8）、式（6.10）代入式（6.9），可得节理岩层中理想光面爆破效果需满足的条件是：

$$\begin{cases} \sigma_\theta \geqslant \sigma_{\mathrm{td}} \\ \sigma_r[\sin2\alpha - (1 - 2\mu + \cos2\alpha)\tan\varphi^j] \leqslant 2(1-\mu)c^j \end{cases} \tag{6.11}$$

若节理岩层中理想光面爆破条件式（6.11）不能满足，则沿节理结构面方向破坏。图 6.11（a）展示了一组节理结构面破坏前，界面 AA' 的应力大小为：

$$\begin{cases} \sigma_{\alpha+90^\circ} = \dfrac{\sigma_r + \sigma_\theta}{2} + \dfrac{\sigma_r - \sigma_\theta}{2}(-\cos2\alpha) \\ \tau_{\alpha+90^\circ} = \dfrac{\sigma_r - \sigma_\theta}{2}(-\sin2\alpha) \end{cases} \tag{6.12}$$

如图 6.11（b）所示，节理结构面破坏后，结构面 $A'B$ 应力为 0，界面 AA' 的应力状态将发生变化，界面 AA' 的瞬时平衡条件为：

$$\begin{cases} \displaystyle\int_0^l \sigma_\theta \mathrm{d}l = \int_0^{l_1} \tau_{\alpha+90^\circ}\mathrm{d}l_1 \sin\alpha + \int_0^{l_1} \sigma_{\alpha+90^\circ}\mathrm{d}l_1 \cos\alpha \\ \displaystyle\int_0^{l_1} \tau_{\alpha+90^\circ}\mathrm{d}l_1 \cos\alpha = \int_0^{l_1} \sigma_{\alpha+90^\circ}\mathrm{d}l_1 \sin\alpha \end{cases} \tag{6.13}$$

式中　l——AB 的长度；

l_1——AA' 的长度。

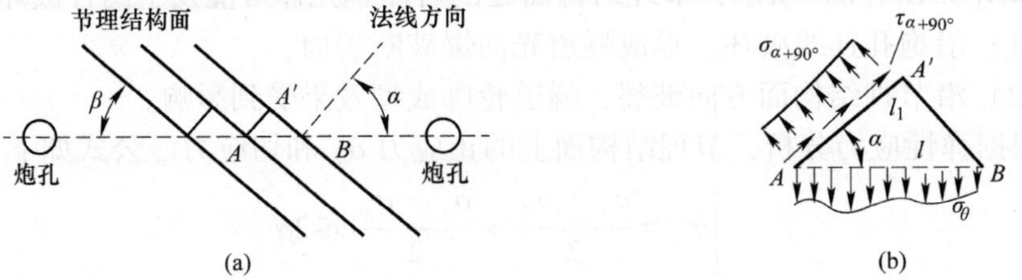

图 6.11　一组节理对周边孔爆破作用机理

（a）层状岩体隧道断裂面的形成；（b）结构面破坏后 AA' 界面应力状态

令 $\overline{\sigma}_\theta$、$\overline{\sigma}_{\alpha+90^\circ}$、$\overline{\tau}_{\alpha+90^\circ}$ 分别表示界面 AB、界面 AA' 上的平均正应力和平均剪应力，则计算式（6.13）可得：

$$\begin{cases}\overline{\sigma}_{\alpha+90^\circ}=\overline{\sigma}_\theta \\ \overline{\tau}_{\alpha+90^\circ}=\overline{\sigma}_\theta\tan\alpha\end{cases} \tag{6.14}$$

根据莫尔-库仑破坏准则，界面 AA' 上发生剪切破坏的条件是：

$$|\overline{\tau}_{\alpha+90^\circ}|\geqslant\overline{\sigma}_{\alpha+90^\circ}\tan\varphi+c \tag{6.15}$$

式中 φ——岩石内摩擦角；

c——岩石黏聚力。

考虑到 $\sigma_\theta\approx\overline{\sigma}_\theta$，将式（6.14）代入式（6.15）可得，界面 AA' 上发生剪切破坏的条件转化为：

$$\sigma_\theta\geqslant\frac{c}{\tan\alpha+\tan\varphi} \tag{6.16}$$

同时考虑 $\sigma_\theta<\sigma_{\rm td}$，因此 σ_θ 若满足 $\frac{c}{\tan\alpha+\tan\varphi}\leqslant\sigma_\theta<\sigma_{\rm td}$，同时 σ_r 若满足 $\sigma_r[\sin2\alpha-(1-2\mu+\cos2\alpha)\tan\varphi^j]\leqslant2(1-\mu)c^j$，则隧道光面爆破引起炮孔连线内部的节理结构面断裂，并进一步引起沿着与节理垂直面或近似垂直方向发生剪切断裂，最终形成“之”字形开挖轮廓。

6.2.2.2 水平层岩隧道断面不同部位成型机理分析

水平层状岩蟠龙山隧道试验段爆后拱顶岩体出现大面积离层，分析其原因：在拱顶，层理面与炮孔连线近似水平，周边孔之间的裂缝往往沿着层理结构面形成；同时水平岩体层理间距不一，最小值为几厘米，爆后拱部下部为临空面，拱顶岩体形成固端梁结构，考虑层面弯折破坏机理，因此容易形成平板状轮廓。

拱肩岩体出现明显的错台，形成台阶状分布，分析其原因：

（1）拱顶岩梁结构致使上部岩体荷载向拱肩位置转移，形成局部应力集中；

（2）水平层理与炮孔连线的夹角为15°~45°，基于上文节理夹角对周边孔爆破作用的影响机理，该位置周边孔爆破多会形成“之”字形开挖轮廓；

（3）拱肩岩体受水平层理与节理裂隙交叉切割影响，形成易于塌落的关键块体，且节理裂隙间弱夹泥，节理面抗剪强度较小。

最终，爆后拱肩岩体易沿弱节理面滑落、掉块，形成明显的错台分布。

拱腰岩体，水平层理与炮孔连线的夹角为45°~80°，周边孔爆破开挖面受层理面的影响明显减小，爆破轮廓成型较好。

6.3 蟠龙山隧道光面爆破参数优化及现场试验

基于水平层理结构的隧道光面爆破破坏机理分析以及蟠龙山隧道断面不同部

位的成型机理分析，本节主要从调整周边孔炮孔间距、增设空孔、调整光爆层厚度（最小抵抗线）、装药集中度、装药结构以及掏槽孔最大装药量等方面优化光面爆破效果。首先，依据《公路隧道施工技术规范》（JTG/T 3660—2020），确定了隧道光面爆破相关参数范围，见表 6.5。

表 6.5　光面爆破参数

岩石种类	参数					
	饱和单轴抗压极限强度 R_b/MPa	装药不耦合系数	周边孔间距 E/mm	周边孔最小抵抗线 W/ mm	相对距离 E/W	周边孔装药集中度 g/(kg · m^{-1})
硬岩	>60	1. 25 ~ 1. 50	550 ~ 700	700 ~ 850	0. 8 ~ 1. 0	0. 30 ~ 0. 35
中硬岩	30 ~ 60	1. 50 ~ 2. 00	450 ~ 600	600 ~ 750	0. 8 ~ 1. 0	0. 20 ~ 0. 30
软岩	≤30	2. 00 ~ 2. 50	300 ~ 500	400 ~ 600	0. 5 ~ 0. 8	0. 07 ~ 0. 15

注：1. 软岩隧道光面爆破的相对距离宜取小值；
　　2. 装药集中度按 2 号岩石硝铵炸药考虑。

6. 3. 1　隧道光面爆破参数优化

6. 3. 1. 1　周边孔炮孔间距

根据蟠龙山隧道的工程地质情况可知，其Ⅳ级围岩属较软岩，局部较完整；Ⅲ级围岩属较坚硬岩，因此参考表 6.5 该周边孔间距宜取 450 ~ 600 mm。另外，考虑层理、节理等结构面对爆炸应力波的阻隔作用以及层理间距最小为几厘米的情况，周边孔布设宜为“长孔、短孔”交错布设方式。

具体的，周边孔为长孔、短孔间隔布置，长孔纵向长度约 4. 0 m，短孔纵向长度约 2. 0 m；其炮孔间距拱顶至拱肩约为 0. 6 m、拱肩至拱腰约为 0. 5 m。

此外，由图 6. 2 可知，周边孔外偏角设置不合理，从图 6. 2 中可以看到长孔成孔后孔底到设计开挖轮廓线外侧距离为 150 mm，该值超过边墙最大允许超挖规范值，孔底装药后爆破必然造成超挖。对此，周边孔长孔沿设计轮廓线内移量调整为 15 cm，外偏角调整为 3°；周边孔短孔沿设计轮廓线内移量调整为 12 cm，外偏角调整为 5°。调整后“长孔、短孔”布置剖面图如图 6.12 所示。

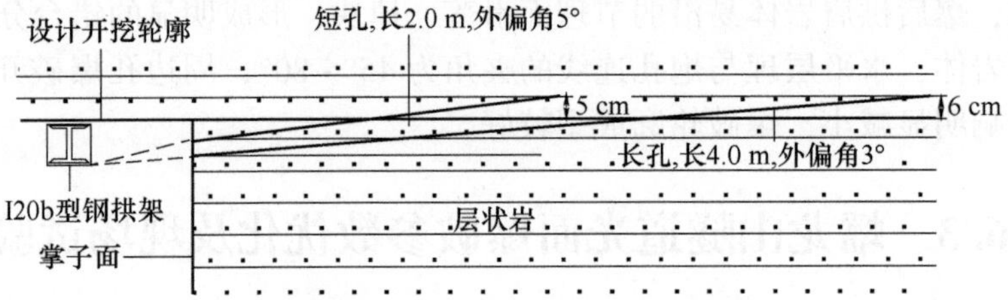

图 6. 12　调整后周边孔长孔、短孔布置剖面图

6.3.1.2 增设空孔

空孔对于节理裂隙发育岩体隧道光面爆破成形具有重要作用。爆炸初期，空孔附近的主应力差迅速增大，最大拉应力的方向垂直于炮孔和空孔连线的方向，岩体发生拉伸破坏，有利于爆破裂纹的产生。杨跃宗提出了空孔的自由面效应，即爆炸应力波至空孔处被反射回的反射波对于破碎岩体具有重要作用。根据式(6.4)、式(6.5)可知，空孔内的介质为空气，此时 $(\rho_0 c)_2$ 远小于 $(\rho_0 c)_1$，因此反射波 $\sigma_A \to \sigma$，透射波 $\sigma_B \to 0$，即爆炸应力波在空孔处只发生反射不发生透射，反射后变为拉伸波作用于岩体，有利于岩体的破碎形成断裂面。

因此，为了削弱拱肩位置层理及节理结构面的影响，减小爆后其围岩错台高度及宽度，拱肩位置两周边孔连线中心处增设空孔。

6.3.1.3 光爆层厚度

隧道光面爆破中光爆层厚度是指周边孔到自由面的垂直距离，实际上是一个岩石拱。光爆层厚度大小直接影响光面爆破成型效果，若光爆层厚度过大，光爆层岩石阻抗炸药爆破的能力大，造成欠挖；若光爆层厚度过小，围岩开挖轮廓外侧将会产生裂隙区，造成超挖。如图 6.13 所示，从爆炸应力波在岩石中叠加和损伤的角度来看，光爆层厚度与炮孔间距相等时，爆破效果较好。

光爆层厚度优化结果，Ⅲ级围岩：拱顶至拱肩为 0.65 m，拱肩至拱腰为 0.8 m；Ⅳ级围岩：拱顶至拱肩为 0.65 m，拱肩至拱腰为 0.7 m。

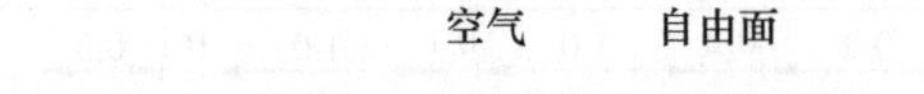

图 6.13 爆炸应力波在自由面的反射

6.3.1.4 装药集中度

当炮孔直径为 42 mm，且采用 2 号岩石乳化炸药进行隧道光面爆破时，岩石不同抗压强度与周边孔每延米单孔装药量的线性关系如图 6.14 所示。参考蟠龙山隧道的设计文件，Ⅲ～Ⅳ级围岩的抗压强度为 33.8～59.4 MPa，依据图 6.14 可知，周边孔装药集中度宜取 0.22～0.39 kg/m。从有关研究可知，周边孔的装药集中度宜取普通爆破法的 1/4～1/3，0.15～0.25 kg/m。

综合以上研究结果和表 6.5，周边孔单孔装药量取为 0.15~0.25 kg/m。

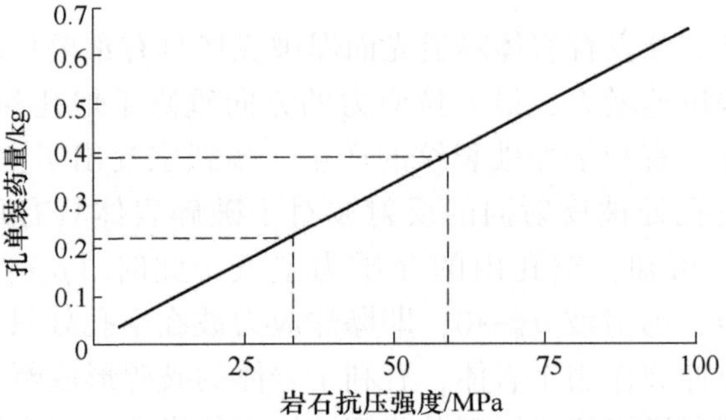

图 6.14　不同岩石抗压强度下单孔装药量

6.3.1.5　装药结构

理论和数值计算研究结果表明，针对节理裂隙发育且包含软弱夹层的围岩，周边孔径向采用空气偏心不耦合装药较好。数值计算结果表明，对比周边孔轴向不同装药结构的岩体损伤分布结果，炸药两侧均有空气段时岩体损伤合理、爆破效果最为理想。石洪超研究表明，周边孔轴向采用不耦合装药结构，爆破扰动范围和孔口处破坏程度均比连续装药结构小。

因此，周边孔径向采用空气偏心不耦合装药，轴向采用空气均匀间隔装药。具体的，将 300 mm 药卷长度切割为 100 mm 和 200 mm，导爆索贯穿全孔引爆。周边孔长孔装药结构拱顶至拱肩位置的如图 6.15（a）所示，拱肩至拱腰位置的如图 6.15（b）所示。周边孔长孔用炮泥浸水堵塞，堵塞长度 250~400 mm。周边孔短孔装药长度 150 mm，位于炮孔中心偏内位置。

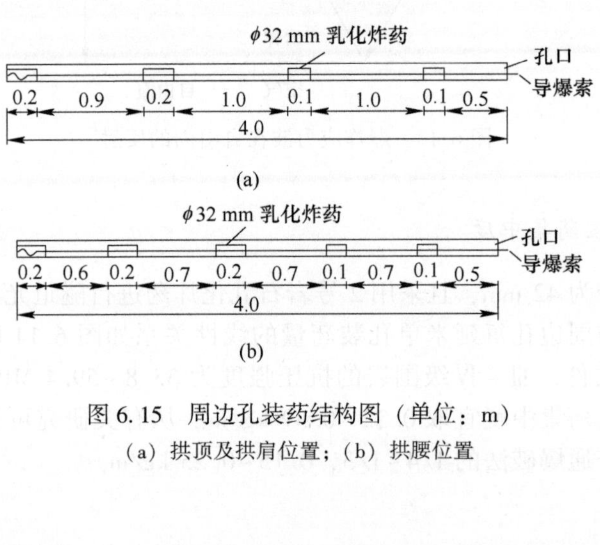

图 6.15　周边孔装药结构图（单位：m）
（a）拱顶及拱肩位置；（b）拱腰位置

6.3.1.6　掏槽孔最大单孔装药量

掏槽孔最大单孔装药量的经验公式为：

$$q_c = \frac{qLS_c}{N_c} \tag{6.17}$$

式中　q——炸药单耗，kg/m³；

L——炮孔长度，m；

S_c——掏槽腔平均断面面积；

N_c——掏槽孔个数。

根据相关统计，普氏系数$f=4\sim6$时，$q=2.5$ kg/m³；$f=6\sim8$时，$q=3.5$ kg/m³，本试验段隧道围岩等级为Ⅲ～Ⅳ级，Ⅲ级围岩$f=8$，则q取3.5 kg/m³；Ⅳ级围岩$f=6$，则q取3.0 kg/m³。

S_c=掏槽区长度×(掏槽眼最大间距+掏槽眼底间距)/2，蟠龙山隧道Ⅲ级围岩掏槽区长度为2.1 m，掏槽孔最大间距7.8 m，掏槽孔底间距0.4 m，则S_c取8.61 m²；Ⅳ级围岩掏槽区长度为1.8 m，掏槽孔最大间距7.8 m，掏槽孔底间距0.4 m，则S_c取7.38 m²。

因此，掏槽孔最大装药量Ⅲ级围岩为$q_c=3.6$ kg；Ⅳ级围岩$q_c=2.6$ kg。

综合以上分析，试验段隧道Ⅲ级、Ⅳ级围岩上台阶优化后光面爆破参数如图6.16所示，炮孔及装药参数详见表6.6、表6.7。需要说明的是，为增大掏槽腔腔体体积，避免掌子面中底部出现欠挖，Ⅳ级围岩隧道中心线位置增设3个掏槽孔直孔，其单孔装药量自上而下依次为1.2 kg、1.8 kg和2.4 kg。

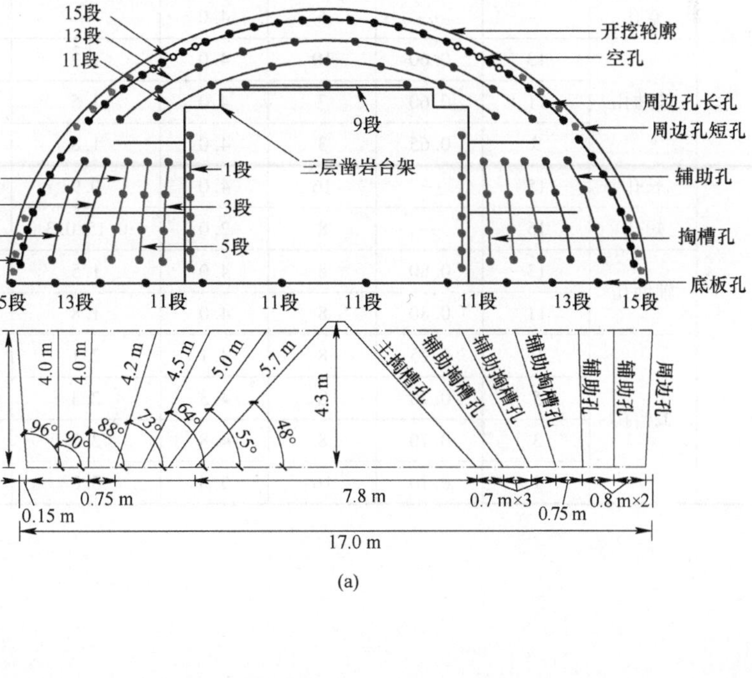

(a)

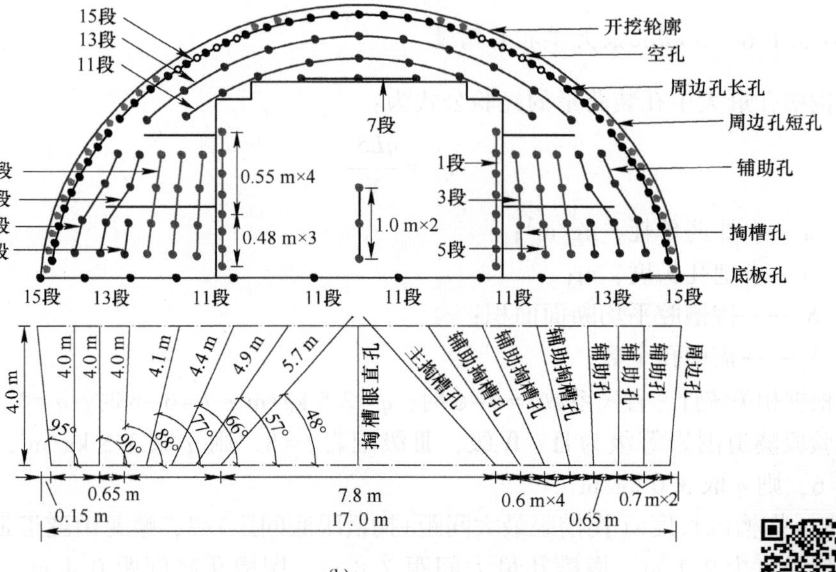

(b)

图 6.16　试验段炮孔参数及雷管段别优化

（a）Ⅲ级围岩；（b）Ⅳ级围岩

图 6.16 彩图

表 6.6　Ⅲ级围岩隧道优化爆破参数

部位	炮孔分类	段别/段	排距/m	孔数/个	孔长/m	单孔药量/kg	总药量/kg
拱顶至拱肩	长孔	15	—	23	4.0	0.6	13.8
	短孔	15	—	8	2.0	0.15	1.2
	空孔	—	—	6	4.0	—	—
	辅助孔	13	0.60	10	4.0	1.2	12.0
		11	0.60	7	4.0	1.5	10.5
		9	0.65	3	4.0	1.8	5.4
拱腰	长孔	15	—	16	4.0	0.9	14.4
	短孔	15	—	8	2.0	0.15/0.3	1.8
	辅助孔	13	0.80	8	4.0	1.5	12.0
		11	0.80	8	4.0	1.8	14.4
	掏槽孔	9	0.75	8	4.1	2.1	16.8
		5	0.70	8	4.3	2.4	19.2
		3	0.70	8	4.8	2.7	21.6
		1	0.70	16	5.8	3.0	48.0

续表 6.6

部位	炮孔分类	段别/段	排距/m	孔数/个	孔长/m	单孔药量/kg	总药量/kg
拱腰	底板孔	15	—	2	4.2	2.7	5.4
		13	—	4	4.2	3.0	12.0
		11	—	6	4.2	3.0	18.0
合计				151			226.5

表 6.7 Ⅳ级围岩隧道优化爆破参数

部位	炮孔分类	段别/段	排距/m	孔数/个	孔长/m	单孔药量/kg	总药量/kg
拱顶至拱肩	长孔	15	—	25	4.0	0.6	15
	短孔	15	—	10	2.0	0.15	1.5
	空孔	—	—	8	4.0	—	—
	辅助孔	13	0.60	11	4.0	0.9	9.9
		11	0.60	9	4.0	0.9	8.1
		7	0.60	3	4.0	1.2	3.6
拱腰	长孔	15	—	18	4.0	0.8	14.4
	短孔	15	—	20	2.0	0.15	3.0
	辅助孔	13	0.70	8	4.0	1.2	9.6
		11	0.70	8	4.0	1.5	12
		9	0.65	4	4.0	1.8	7.2
	掏槽孔	7	0.60	8	4.1	1.8	14.4
		5	0.60	8	4.4	2.1	16.8
		3	0.60	8	4.9	2.1	16.8
		1	0.60	16	5.7	2.4	38.4
	掏槽眼直孔	3	—	3	4.0	1.2/1.8/2.4	5.4
	底板孔	15	—	2	4.2	2.4	4.8
		13	—	4	4.2	2.4	9.6
		11	—	6	4.2	2.4	14.4
合计				179			204.9

6.3.2 优化后隧道光面爆破开挖效果

6.3.2.1 隧道围岩破坏特征

采用优化的隧道光面爆破参数，Ⅲ级围岩 YK80+115.3～YK80+142.8 爆破开挖 7 次，YK80+123.2 断面爆后围岩特征分布如图 6.17 所示；Ⅳ级围岩 ZK80+235.7～ZK80+208.2 爆破开挖 7 次，ZK80+231.8 断面爆后围岩特征分布如图 6.18 所示。

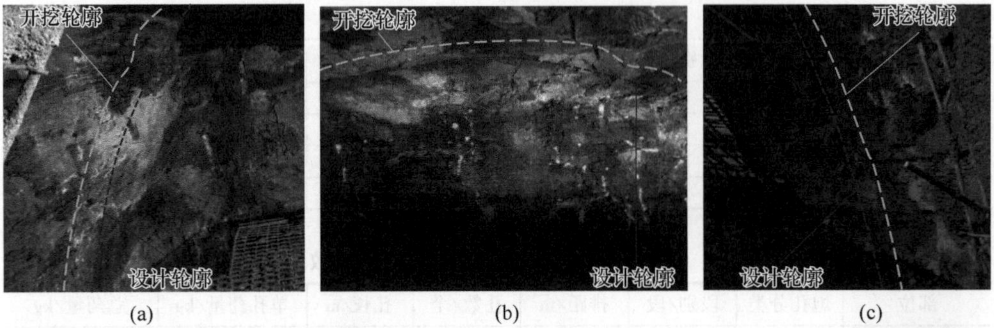

图 6.17　优化方案下Ⅲ级围岩爆后特征分布

（a）左拱肩；（b）拱顶；（c）右拱肩

图 6.17 彩图

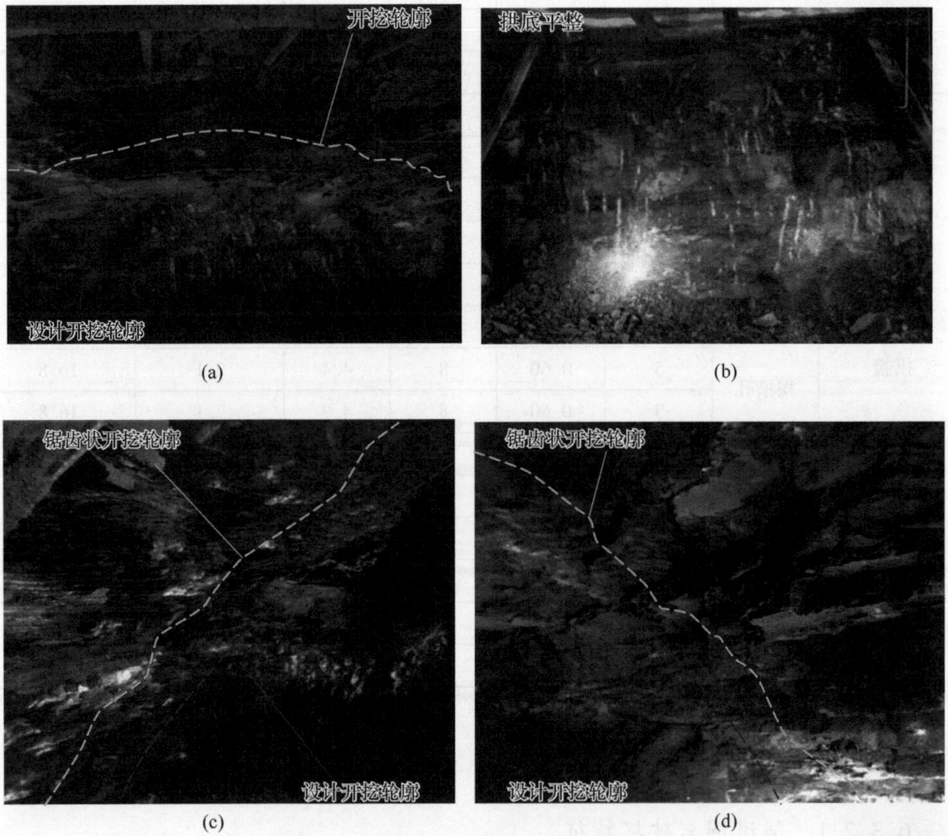

图 6.18　优化方案下Ⅳ级围岩爆后特征分布

（a）拱顶；（b）中部掌子面；（c）左拱肩；（d）右拱肩

图 6.18 彩图

对比分析图6.3、图6.4和图6.17、图6.18可以看出，采用优化的光面爆破参数，爆后上台阶开挖轮廓成型较好，拱顶岩体无大面积离层，拱顶“平坦”现象消失，但受节理及层理结构弱面的影响，爆后拱顶岩体较破碎，围岩仍有较小超挖。左、右拱肩位置围岩体破碎程度减弱，Ⅲ级围岩条件下，隧道轮廓平整、成型较好；Ⅳ级围岩条件下，受节理与层理相互切割的影响，爆后开挖轮廓呈锯齿状分布，但错台高度和宽度明显减小，岩体无明显的“台阶状”现象。Ⅳ级围岩条件下，掌子面中底部开挖平整，其底部岩体“鼓肚”现象消失，为下一循环爆破开挖提供了良好的工作环境。

6.3.2.2 隧道围岩超欠挖

针对优化方案下Ⅲ级和Ⅳ级围岩条件，各选取2次爆破开挖典型实例，断面毛洞超欠挖情况如图6.19和图6.20所示。其实测爆破进尺Ⅲ级围岩条件下为3.83 m和3.90 m，Ⅳ级围岩条件为3.77 m和3.75 m。

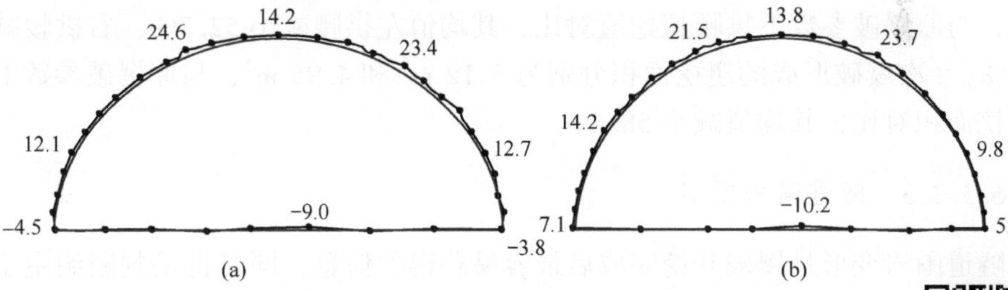

—— 设计开挖轮廓 —— 实际开挖轮廓 ● 断面超欠挖测点

图6.19 优化方案下Ⅲ级围岩断面超欠挖情况（单位：cm）

（a）YK80+138.9 断面；（b）YK80+127.1 断面

图 6.19 彩图

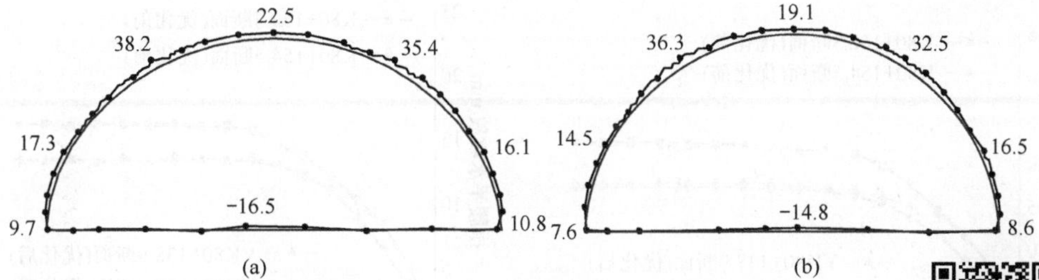

—— 设计开挖轮廓 —— 实际开挖轮廓 ● 断面超欠挖测点

图6.20 优化方案下Ⅳ级围岩断面超欠挖情况（单位：cm）

（a）ZK80+235.7 断面；（b）ZK80+220.1 断面

图 6.20 彩图

对比分析图6.6、图6.7和图6.19、图6.20可以看出，采用优化的隧道光面爆破参数，断面最大线性超挖及超挖面积明显减小。Ⅲ级围岩条件下：拱顶最大线性超挖分别为 14. 2 cm 和 13. 8 cm，均小于最大允许超挖值，与原爆破参数下拱顶超挖值对比，其均值减小 46. 5%；左拱肩最大线性超挖分别为 24. 6 cm 和 21. 5 cm，右拱肩为 23. 4 cm 和 23. 7 cm，均小于最大允许超挖值，与原爆破参数下拱肩超挖值对比，其均值左拱肩减小 56. 8%、右拱肩减小 52. 8%；左拱腰最大线性超挖分别为 12. 1 cm 和 14. 2 cm，右拱腰为 12. 7 cm 和 9. 8 cm，均小于最大允许超挖值，与原爆破参数下拱腰超挖值对比，其均值左拱腰减小 55. 8%、右拱腰减小 60. 4%。2 次爆破形成的超挖面积分别为 3. 85 m^2 和 3. 36 m^2，与原爆破参数下断面超挖面积对比，其均值减小 44. 4%。Ⅳ级围岩条件下：拱顶最大线性超挖分别为 22. 5 cm 和 19. 1 cm，均小于最大允许超挖值，与原爆破参数下拱顶超挖值对比，其均值减小 43. 9%；左拱肩最大线性超挖分别为 38. 2 cm 和 36. 3 cm，右拱肩为 35. 4 cm 和 32. 5 cm，略大于最大允许超挖值，但与原爆破参数下拱肩超挖值对比，其均值左拱肩减小 54. 2%、右拱肩减小 56. 6%；左拱腰最大线性超挖分别为 17. 3 cm 和 14. 5 cm，右拱腰为 16. 1 cm 和 16. 5 cm，均小于最大允许超挖值，与原爆破参数下拱腰超挖值对比，其均值左拱腰减小 52. 7%、右拱腰减小 53. 6%。2 次爆破形成的超挖面积分别为 5. 12 m^2 和 4. 95 m^2，与原爆破参数下断面超挖面积对比，其均值减小 58. 6%。

6. 3. 2. 3　隧道围岩变形

隧道围岩变形是爆破开挖完成后最容易获得的信息，同时也是判断洞室稳定的主要信息。试验段隧道每循环开挖均设置收敛量测断面，测点位于拱顶和两侧拱腰位置，爆后各监测断面的拱顶沉降曲线如图 6. 21 所示，拱腰水平收敛曲线，如图 6. 22 所示。需要说明的是，该监测数据的起始时刻为各断面初支立架时刻，因此图 6. 21、图 6. 22 中的变形值为相对于初始时刻的相对值。

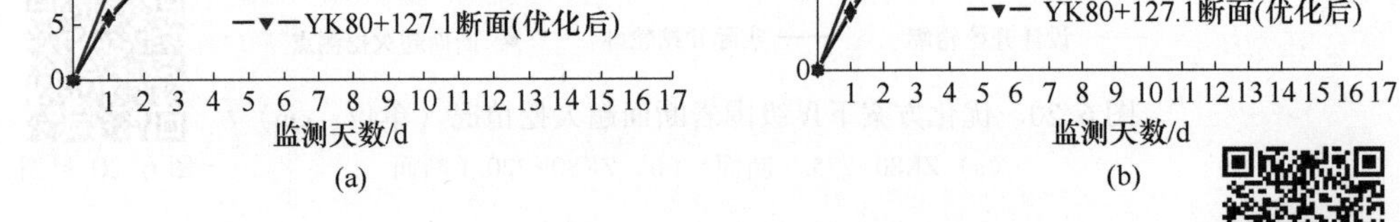

(a)　　(b)

图 6. 21　爆破开挖后Ⅲ级围岩监测断面变形曲线

（a）拱顶沉降；（b）拱腰水平收敛

图 6. 21 彩图

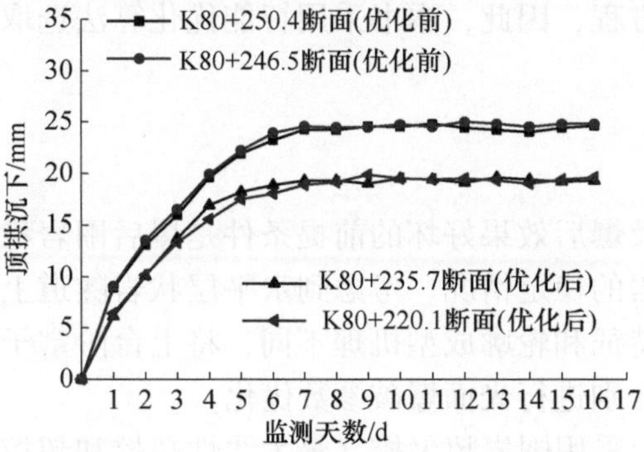

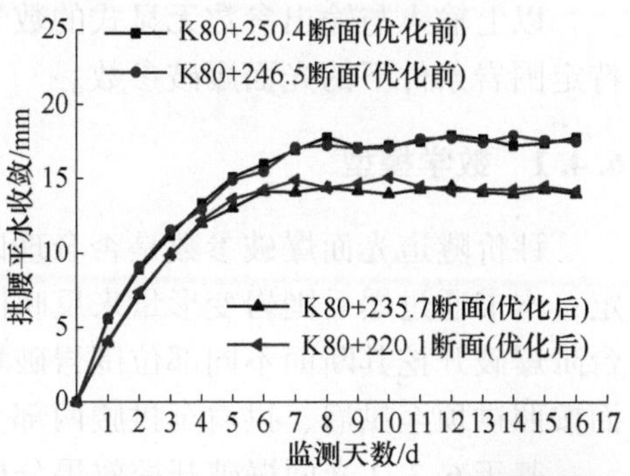

图 6.22　爆破开挖后Ⅳ级围岩监测断面变形曲线

（a）拱顶沉降；（b）拱腰水平收敛

图 6.22 彩图

分析图 6.21、图 6.22 可知，采用优化的隧道光面爆破参数，围岩拱顶沉降和拱腰水平收敛值明显减小。自起始时刻至围岩变形增长速度减小转折点，优化前用时约 6 天，优化后用时约 5 天，此后围岩变形增长率趋于零，变形累计值趋于稳定。至开挖完成 15 天后，Ⅲ级围岩：优化前拱顶沉降约为 22.2 mm，优化后约为 17.6 mm，优化后为优化前的 79.3%；优化前拱腰水平收敛值约为 16.1 mm，优化后约为 13.5 mm，优化后为优化前的 83.8%。Ⅳ级围岩：优化前拱顶沉降约为 24.5 mm，优化后约为 19.2 mm，优化后为优化前的 78.4%；优化前拱腰水平收敛值约为 17.5 mm，优化后约为 14.3 mm，优化后为优化前的 81.7%。

6.4　水平层状岩隧道光面爆破参数优化数学模型

综合以上研究发现，基于理论分析和现场试验的隧道光面爆破参数优化，该方法依托工程项目，投入大量的人力、物力和时间，且需要多个爆破循环进行验证，过程复杂、成本较高。考虑到隧道爆破参数优化是一个复杂的有约束多目标规划问题，其优化目的是建立特定围岩条件下输入参数（围岩级别、隧道埋深、炮孔参数和装药参数等）与输出参数（拱顶下沉、超欠挖大小、块石大小等）的数学模型和求解模型，最终确定相应地质及工程条件下最优的光面爆破炮孔及装药参数。其中，将块石大小作为输出参数之一，建立其与炮孔参数的映射关系，原因是：研究表明，爆后岩石的块度分布可以反映岩石的爆破性能，体现爆破参数的合理性，其指出爆破钻孔之间区域最常见块度不应超过 0.6 m，且将 0.6 m 以上的块度定义为大块度。

以上输入与输出参数无显式的数学方程，因此，本书采用智能优化算法选取特定围岩条件下的光面爆破参数。

6.4.1　数学模型

评价隧道光面爆破参数是否合理以及爆后效果好坏的前提条件是爆后围岩稳定，本书通过爆后围岩变形量来反映围岩的稳定情况。考虑到水平层状岩隧道上台阶爆破开挖其断面不同部位围岩破坏特征和轮廓成型机理不同，将上台阶掌子面按照拱顶至拱肩、拱肩至拱腰两部分分别进行光面爆破参数优化。

基于6.3.2光面爆破开挖效果分析，采用围岩超欠挖（最大线性超挖和超挖面积）和块石大小作为评判光面爆破效果的评价指标，采用拱顶下沉量作为约束条件，因此，水平层状岩隧道光面爆破参数优化的目的是满足拱顶沉降限值，使围岩超欠挖和爆破块石最小。其数学模型可以表述为式（6.18）、式（6.19），式（6.18）为优化目标函数，式（6.19）为优化约束条件。

$$f_{i=1,2}=\mathrm{Min}(v_{i1},\ v_{i2},\ v_{i3}) \tag{6.18}$$

$$v_{i4}<u_0 \tag{6.19}$$

式中　i——掌子面拱顶至拱肩和拱肩至拱腰的部分；

v_{i1}，v_{i2}，v_{i3}——爆后围岩最大线性超挖、超欠挖面积和块石大小；

v_{i4}——爆后拱顶下沉量；

u_0——规范允许拱顶下沉量，按表6.8中水平相对收敛值的0.5倍取值。

表6.8　允许洞周水平相对收敛值　（%）

围岩级别	埋深		
	<50 m	50~300 m	>300 m
Ⅲ	0.10~0.30	0.20~0.50	0.40~1.20
Ⅳ	0.15~0.50	0.40~1.20	0.80~2.00
Ⅴ	0.20~0.80	0.60~1.60	1.00~3.00

注：1. 水平相对收敛值系指收敛位移累计值与两测点间距离之比；
2. 硬质围岩隧道取表中较小值，软质围岩隧道取表中较大值；
3. 拱顶下沉允许值一般可按本表数值的0.5~1.0倍采用；
4. 本表所列数值在施工过程中可通过实测和资料积累作适当修正。

6.4.2　求解方法

针对含有约束条件的多目标规划问题，求解之前需进行无约束处理，具体求解过程分为两步。

(1) 应用惩罚函数法，将有约束条件问题求解转化为无约束条件问题求解。结合式（6.18）、式（6.19），光面爆破优化数学模型可以表达为：

$$f_{i=1,2} = \mathrm{Min}[(v_{i1}, v_{i2}, v_{i3}) + \lambda(v_{i4} - u_0)] \tag{6.20}$$

式中，λ 为拉格朗日乘子，其取值可以是常数，也可以表达为一个函数。

在光面爆破优化中，由于拱顶实测下沉量和允许下沉量都为常数，故本书为常数，式（6.20）左侧第二项为惩罚项，且为常数。

(2) 应用线性加权法，进一步将无约束条件的多目标规划问题求解转化为无约束条件的单目标规划问题求解。光面爆破优化数学模型可进一步表达为：

$$f_{i=1,2} = \mathrm{Min}[(w_{i1}v_{i1} + w_{i2}v_{i2} + w_{i3}v_{i3}) + \lambda(v_{i4} - u_0)] \tag{6.21}$$

式中　w_{i1}，w_{i2}，w_{i3}——v_{i1}、v_{i2}、v_{i3} 的权重系数，并且满足 $w_{i1}+w_{i2}+w_{i3}=1$。

本书采用粒子群优化算法对式（6.21）无约束条件的单目标规划问题进行求解。

6.4.3 基于 PSO-DBP 耦合算法的隧道光面爆破参数优化模型

BP 网络模型的表现性能与网络参数、隐含层层数和隐含层神经元个数直接相关，网络参数的选取是一个多层多个权值和阈值的组合优化问题。对此，BP 神经网络存在易陷入局部极小的不足，导致网络训练过程收敛速度慢，存在震荡效应，因此学者常通过多次调整初始权值和阈值来解决局部极小问题。而基于 PSO 算法的深层 BP 神经网络模型的优点：一是利用粒子群算法快速全局寻优的特点自动搜索深层 BP 神经网络参数来实现模型的快速收敛；二是充分利用深层 BP 神经网络对大量数据的非线性表达能力。

本书 PSO-DBP 模型的结构形式 1-3-1，即包含 1 层输入层、3 层隐含层和 1 层输出层。其中输入层的节点个数取为 12 个，分别为围岩单轴抗压强度、围岩级别、埋深、层理结构面结合程度、炮孔总数量、周边孔间距、辅助孔间距、光爆层厚度、总装药量、周边孔装药集中度、周边孔装药结构和掏槽孔最大单孔装药量。输出层节点个数取为 4 个，分别为拱顶下沉、最大线性超挖、超欠挖面积和最大块石直径。3 层隐含层节点数按式（6.22）分别取为 12 个、8 个和 4 个。

$$\begin{cases} n_j = \sqrt{n_i + n_m + a} \\ n_j = 2n_i + 1 \\ n_j \geqslant \log_2 n_i \end{cases} \tag{6.22}$$

式中　n_i，n_j，n_m——输入层、隐含层和输出层节点个数；

a——［1，10］之间的任意常数。

6.4.3.1　获取训练和测试数据

为了利用基于 DBP 神经网络的 PSO 算法优化光面爆破参数，首先需要建立合适量级的样本数据对 PSO-DBP 模型进行训练和测试，本书共采集获取了 392 条光面爆破参数和爆后效果的数据。其中输入参数（围岩单轴抗压强度、围岩级别、埋深和层理面结合程度）依据蟠龙山隧道地勘资料获得；输入参数（炮孔总数量、周边孔间距、辅助孔间距、光爆层厚度）基于第 5 章多个炮孔目标检测的结果获得；输入参数（总装药量、周边孔装药集中度、周边孔装药结构和掏槽孔最大单孔装药量）依据现场试验获得；输出参数（拱顶下沉、最大线性超挖、超欠挖面积和最大块石直径）依据现场试验和监控量测数据获得。其中，层理面结合程度为定性指标，依据设计资料围岩分级标准和现场勘察分析，将其做定量化分级，具体为：(1) 层状结构，且层理、节理等较发育，结构面结合差至一般，取值为 1；(2) 层状结构，且层理较发育，结构面结合一般，取值为 0.7；(3) 层状结构，且岩体较完整，结构面结合一般~较好，取值为 0.3；(4) 岩体完整，无明显的层理构造，取值为 0。周边孔装药结构按照药卷轴向分布范围内的不耦合系数来量化。

6.4.3.2　基于多个炮孔目标检测结果的炮孔参数获取

(1) 炮孔总数量：基于第 5 章中获得的炮孔目标检测结果，将最终的炮孔识别与标注预测框输出并自动统计数量，如图 6.23 所示，从图中可以看出，炮孔数量统计按照炮孔标签类型依次随机编号，最终获得炮孔数量为 25 个。按照此方法，参照图 3.4 隧道整个断面分部图像采集方法，统计各局部断面炮孔数量并求和得到该断面炮孔总数量。需要说明的是，统计的炮孔数量可能包含伪炮孔，此时需要依靠技术人员进行判断。

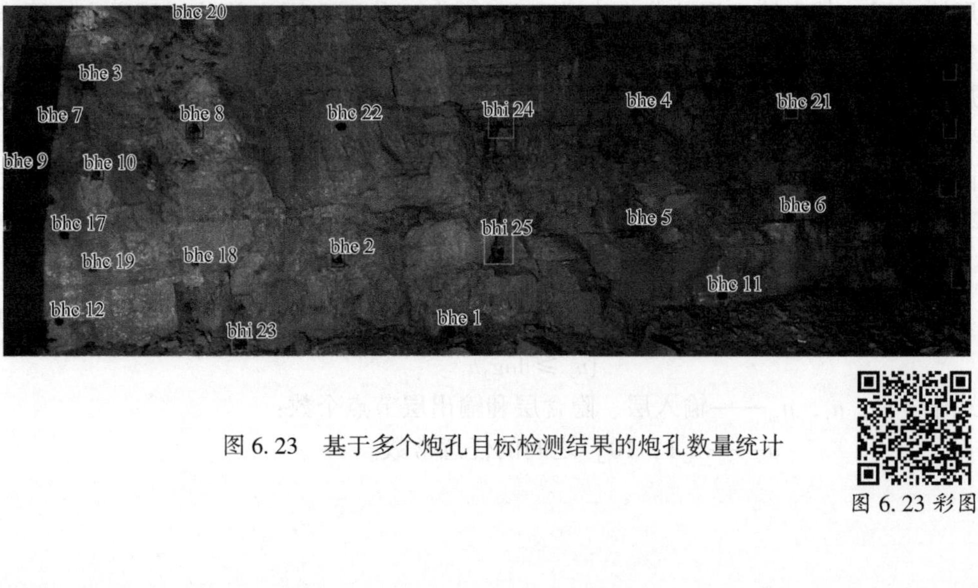

图 6.23　基于多个炮孔目标检测结果的炮孔数量统计

图 6.23 彩图

（2）周边孔间距、辅助孔间距和光爆层厚度：基于第5章中获得的炮孔目标检测结果，将最终的炮孔识别与标注预测框输出并按一定的顺序编号，如图6.24所示；然后参考第5章多个炮孔过滤算法中任意两个预测框真实间距 d_i 的求解方法，按编号顺序依次计算炮孔预测框的间距，从而获得炮孔间距参数。以上炮孔间距参数的获取算法详见表6.9。

表6.9 隧道炮孔间距参数获取算法流程

算法：炮孔间距参数获取算法

①输入：基于深度学习方法获取的多个炮孔目标检测最终目标框个数、概率得分和炮孔类型。记为：检测框集合 $K=\{k_1, \cdots, k_n\}$、检测框对应的概率分数集合 $S=\{s_1, \cdots, s_n\}$、炮孔类型 $B=\{$bhc、bhe、bhi$\}$。

②计算框边长 l：选取 bhc 类型概率得分最高的炮孔检测框 k_c，获取其像素值边长 l。

③有序编号：将一张炮孔图像所有检测框 k_i 分别按照自上而下、自左而右和自左而右、自上而下进行有序编号，且保留炮孔标签类型，如图6.24所示。经过有序编号的检测框集合记为 K'、K''。

④计算 K' 中任意两个检测框 k_i 与 k_{i+1} 的真实间距 $d_{i,i+1}$：

for i in range(len(K'))：

$L'=[\ ]$

$d'_{i,i+1}=((x_{i+1,0}-x_{i,0})\hat{}2+(y_{i+1,0}-y_{i,0})\hat{}2)\hat{}(1/2)$

$d_{i,i+1}=l\cdot d'_{i,i+1}/5$

$L'=L'$.append($d_{i,i+1}$)

⑤计算 K'' 中任意两个检测框 k_i 与 k_{i+1} 的真实间距 $d_{i,i+1}$：

for i in range(len(K''))：

$L''=[\ ]$

$d'_{i,i+1}=((x_{i+1,0}-x_{i,0})\hat{}2+(y_{i+1,0}-y_{i,0})\hat{}2)\hat{}(1/2)$

$d_{i,i+1}=l\cdot d'_{i,i+1}/5$

$L''=L''$.append($d_{i,i+1}$)

⑥输出：L' 和 L''

如图6.24（a）所示，按照自上而下、自左而右顺序编号，应用表6.9炮孔间距参数获取算法，可以获得辅助孔间距和光爆层厚度参数，例如辅助孔间距 $d_{4,5}=81.03$ cm，$d_{18,19}=79.22$ cm；光爆层厚度 $d_{7,8}=80.85$ cm，$d_{19,20}=65.31$ cm。如图6.24（b）所示，按照自左而右、自上而下顺序编号，应用表6.9炮孔间距参数获取算法，可以获得周边孔间距参数，例如 $d_{3,4}=57.12$ cm，$d_{5,6}=57.55$ cm。

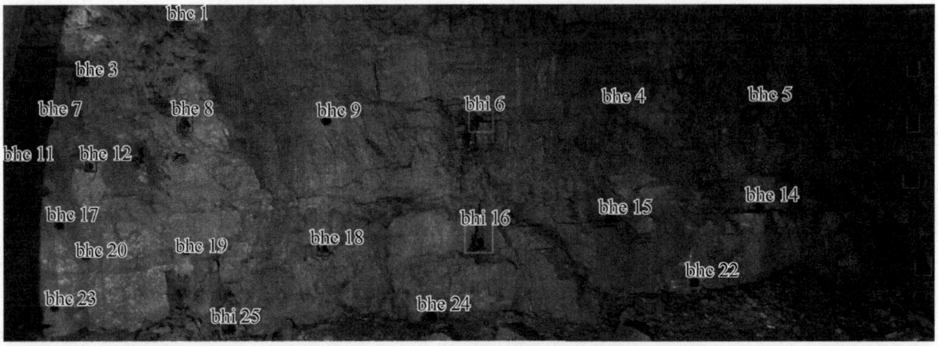

(a)

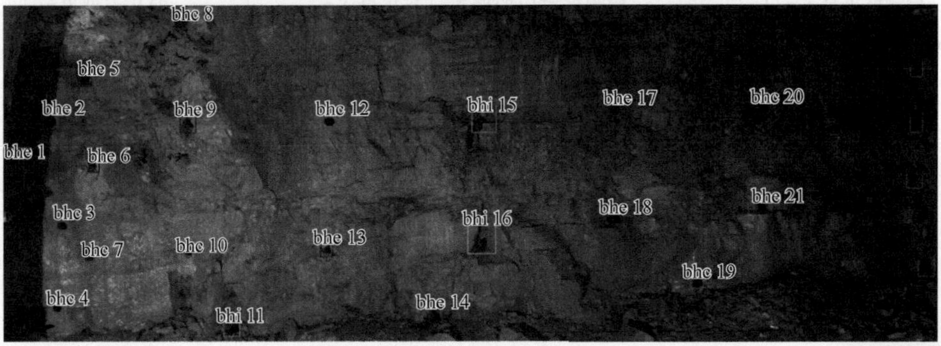

(b)

图 6.24　基于多个炮孔目标检测结果的有序编号

（a）自上而下、自左而右编号；（b）自左而右、自上而下编号

图 6.24 彩图

综合以上方法，构建了隧道拱顶至拱肩和拱肩至拱腰光面爆破参数优化的样本数据，部分样本数据见表 6.10 和表 6.11。

6.4.3.3　PSO-DBP 模型的建立和训练

本书利用 Python 语言和 Keras 框架搭建了 5 层 DBP 网络模型。其输入层、隐含层和输出层之间的激活函数选用 relu 函数；损失函数选用 Mse（mean_squared_error）；优化算法选用 Adam 梯度下降法，Adam 算法默认的学习率为 0.001；损失函数训练目标为 0.001；训练次数为 1400 次。PSO 算法种群规模设置为 275，学习因子 $c_1=c_2=2$，适应度函数如下：

$$fitness = f_i = \sum_{i=1}^{n} \sum_{j=1}^{4} (y_{ij} - y'_{ij})^2 \tag{6.23}$$

式中 n——测试样本数量；

y_{ij}，y'_{ij}——第 i 个测试样本的第 j 个分量（拱顶下沉、最大线性超挖、超欠挖面积和最大块石直径）的实测值和预测值。

表 6.10 隧道拱顶至拱肩光面爆破参数优化的样本数据示例

断面	围岩单轴抗压强度/MPa	围岩级别	埋深/m	层理面结合程度	炮孔总数量/个	周边孔间距/cm	辅助孔间距/cm	光爆层厚度/cm	总装药量/kg	周边孔装药集中度/(kg·m^{-1})	周边孔装药结构	掏槽孔最大单孔装药量/kg	拱顶下沉/mm	最大线性超挖/cm	超欠挖面积/m^2	最大块石直径/cm
ZK80+069	38.2	Ⅳ	83	1	60	64.1	128.5	67.8	37.8	0.15	0.17	2.7	21.6	45.7	4.2	65
ZK80+077	37.1	Ⅳ	74	1	60	63.3	125.3	66.5	37.5	0.15	0.17	2.7	20.2	41.2	4.0	58
ZK80+132	36.2	Ⅳ	87	0.7	62	63.5	120.9	67.1	37.5	0.15	0.17	2.4	19.6	39.3	3.8	62
ZK80+148	32.9	Ⅳ	91	1	62	62.9	130.1	65.6	37.5	0.15	0.17	2.4	20.0	37.5	3.6	58
ZK80+171	33.4	Ⅳ	100	0.7	66	61.8	128.5	66.2	38.1	0.15	0.17	2.4	19.2	33.8	3.4	54
ZK80+196	41.7	Ⅳ	111	1	68	60.5	125.8	66.8	38.1	0.15	0.17	2.4	21.5	35.2	2.9	52
ZK80+220	44.3	Ⅳ	119	0.7	68	61.7	130.1	65.1	38.1	0.15	0.17	2.7	20.1	34.5	3.1	49
ZK80+246	34.8	Ⅳ	132	1	55	67.3	122.8	68.7	38.4	0.15	1	3.0	24.8	80.1	8.1	55
ZK80+250	36.1	Ⅳ	137	1	49	68.2	128.2	70.3	38.4	0.15	1	3.0	25.1	82.5	9.2	70
ZK80+277	34.6	Ⅳ	148	1	53	66.8	135.1	71.2	38.1	0.15	1	3.0	24.5	88.3	9.5	68
YK80+086	50.2	Ⅲ	98	0.7	51	64.2	128.7	68.2	43.2	0.15	0.17	3.0	15.0	28.2	3.3	60
YK80+090	51.6	Ⅲ	95	0.3	51	65.5	131.3	69.2	42.9	0.15	0.17	3.3	15.5	27.9	3.4	57
YK80+110	48.5	Ⅲ	92	0.7	53	63.4	130.1	67.3	43.5	0.15	0.17	3.0	14.8	31.1	3.5	55
YK80+114	47.4	Ⅲ	93	0.7	53	63.7	125.9	66.5	43.2	0.15	0.17	3.0	14.5	30.5	3.1	52
YK80+118	53.1	Ⅲ	94	0.3	53	62.9	128.3	65.8	43.5	0.15	0.17	3.0	14.7	28.7	3.1	54
YK80+134	52.5	Ⅲ	95	0.3	57	63.8	128.8	68.0	42.9	0.15	0.17	3.0	13.6	21.8	2.9	48
YK80+138	49.3	Ⅲ	96	0.7	57	60.7	125.3	66.7	42.9	0.15	0.17	3.3	13.9	24.6	3.2	51
YK80+150	47.1	Ⅲ	98	0.7	43	65.9	135.1	70.9	44.1	0.23	1	3.6	16.5	52.8	5.1	59
YK80+158	46.7	Ⅲ	99	0.7	43	68.3	132.0	71.5	44.7	0.23	1	3.6	16.8	54.1	5.8	54

续表 6.10

断面	围岩单轴抗压强度/MPa	围岩级别	埋深/m	层理面结合程度	炮孔总数量/个	周边孔间距/cm	辅助孔间距/cm	光爆层厚度/cm	总装药量/kg	周边孔装药集中度/(kg·m^{-1})	周边孔装药结构	掏槽孔最大单孔装药量/kg	拱顶下沉/mm	最大线性超挖/cm	超欠挖面积/m^2	最大块石直径/cm
YK80+162	45.5	Ⅲ	100	0.7	48	64.4	127.6	68.4	44.4	0.23	1	3.6	17.9	55.8	5.7	62
YK80+178	50.2	Ⅲ	103	0.3	46	64.4	127.6	68.8	44.7	0.23	1	3.9	17.2	46.8	5.5	60
YK80+186	48.3	Ⅲ	105	0.7	43	66.1	130.3	68.7	44.4	0.23	1	3.6	17.5	51.9	5.6	53
ZK79+308	31.7	Ⅳ	103	1	57	64.1	125.2	69.6	37.8	0.15	1	2.7	25.5	90.1	8.5	60
ZK79+316	32.3	Ⅳ	102	1	55	66.2	130.3	71.7	37.8	0.15	1	3.0	24.9	88.0	9.1	58

注：表中围岩单轴抗压强度指的是岩石单轴饱和抗压强度。

表 6.11　隧道拱肩至拱腰光面爆破参数优化的样本数据示例

断面	围岩单轴抗压强度/MPa	围岩级别	埋深/m	层理面结合程度	炮孔总数量/个	周边孔间距/cm	辅助孔间距/cm	光爆层厚度/cm	总装药量/kg	周边孔装药集中度/(kg·m^{-1})	周边孔装药结构	掏槽孔最大单孔装药量/kg	拱顶下沉/mm	最大线性超挖/cm	超欠挖面积/m^2	最大块石直径/cm
ZK80+069	38.2	Ⅳ	83	1	110	52.5	71.1	73.6	166.8	0.2	0.23	2.7	21.6	19.8	2.6	75
ZK80+077	37.1	Ⅳ	74	1	108	53.3	70.5	75.1	167.1	0.2	0.23	2.7	20.2	18.5	2.4	69
ZK80+132	36.2	Ⅳ	87	0.7	108	51.1	69.6	72.7	166.5	0.2	0.23	2.4	19.6	17.0	2.2	71
ZK80+148	32.9	Ⅳ	91	1	110	50.4	69.1	72.5	166.2	0.2	0.23	2.4	20.0	18.1	2.0	55
ZK80+171	33.4	Ⅳ	100	0.7	113	48.6	68.8	73.2	166.5	0.2	0.23	2.4	19.2	16.4	2.0	60
ZK80+196	41.7	Ⅳ	111	1	112	50.7	70.5	71.8	166.8	0.2	0.23	2.4	21.5	15.8	1.7	69
ZK80+220	44.3	Ⅳ	119	0.7	113	49.5	72.2	74.1	167.4	0.2	0.23	2.7	20.1	16.5	1.9	74

续表 6.11

断面	围岩单轴抗压强度/MPa	围岩级别	埋深/m	层理面结合程度	炮孔总数量/个	周边孔间距/cm	辅助孔间距/cm	光爆层厚度/cm	总装药量/kg	周边孔装药集中度/(kg·m^{-1})	周边孔装药结构	掏槽孔最大单孔装药量/kg	拱顶下沉/mm	最大线性超挖/cm	超欠挖面积/m^2	最大块石直径/cm
ZK80+246	34.8	Ⅳ	132	1	100	55.3	81.5	79.2	173.7	0.23	1	3.0	24.8	35.8	3.1	105
ZK80+250	36.1	Ⅳ	137	1	98	57.1	80.8	80.1	174.3	0.23	1	3.0	25.1	31.5	4.0	130
ZK80+277	34.6	Ⅳ	148	1	101	54.9	79.9	78.9	174	0.23	1	3.0	24.5	32.4	3.8	112
YK80+086	50.2	Ⅲ	98	0.7	92	52.9	82.4	84.1	189.0	0.23	0.26	3.0	15.0	13.8	1.7	82
YK80+090	51.6	Ⅲ	95	0.7	94	51.3	81.7	82.5	189.3	0.23	0.26	3.3	15.5	15.5	1.8	78
YK80+110	48.5	Ⅲ	92	0.7	92	53.1	83.0	85.3	183.6	0.23	0.26	3.0	14.8	14.1	1.9	81
YK80+114	47.4	Ⅲ	93	0.7	94	51.2	81.1	79.6	183.9	0.23	0.26	3.0	14.5	15.2	1.7	75
YK80+118	53.1	Ⅲ	94	0.3	94	52.9	81.4	82.8	183.9	0.23	0.26	3.0	14.7	12.8	1.9	90
YK80+134	52.5	Ⅲ	95	0.3	92	53.4	82.6	84.2	183.6	0.23	0.26	3.0	13.6	13.4	1.5	85
YK80+138	49.3	Ⅲ	96	0.7	94	50.5	80.8	80.1	183.9	0.23	0.26	3.3	13.9	12.7	1.6	101
YK80+150	47.1	Ⅲ	98	0.7	74	56.9	90.1	89.7	188.4	0.3	1	3.6	16.5	28.3	2.4	130
YK80+158	46.7	Ⅲ	99	0.7	78	57.4	89.5	93.2	189.0	0.3	1	3.6	16.8	31.2	2.7	117
YK80+162	45.5	Ⅲ	100	0.7	78	57.6	90.0	91.5	188.4	0.3	1	3.6	17.1	32.7	3.0	121
YK80+178	50.2	Ⅲ	103	0.7	76	56.2	90.2	91.8	188.7	0.3	1	3.9	17.2	30.8	2.7	142
YK80+186	48.3	Ⅲ	105	0.7	74	57.1	91.6	92.6	188.4	0.3	1	3.6	16.9	33.5	2.5	122
ZK79+308	31.7	Ⅳ	103	1	101	54.5	80.2	79.5	173.7	0.2	1	2.7	25.5	36.4	3.5	95

注：表中围岩单轴抗压强度指的是岩石单轴饱和抗压强度。

基于获取的光面爆破参数样本数据，PSO-DBP 网络模型训练和测试过程中，采用 9∶1 的比例划分训练集和测试集，即使用 90%的数据进行训练，使用 10%的数据进行测试。PSO-DBP 网络训练的目的是使式（6.23）最小，此时训练得到的模型参数为最优的 DBP 网络参数（包括权值和阈值）。网络模型计算流程图如图 6.25 所示，训练过程如下：

（1）初始化 DBP 神经网络参数，将神经网络的权值和阈值映射为粒子，粒子维数等于神经网络参数量，为 328 个；

（2）初始化 PSO 粒子群规模、粒子的初始速度和粒子初始位置；

（3）根据设置的适应度函数，将样本和粒子代入 DBP 神经网络学习，同时

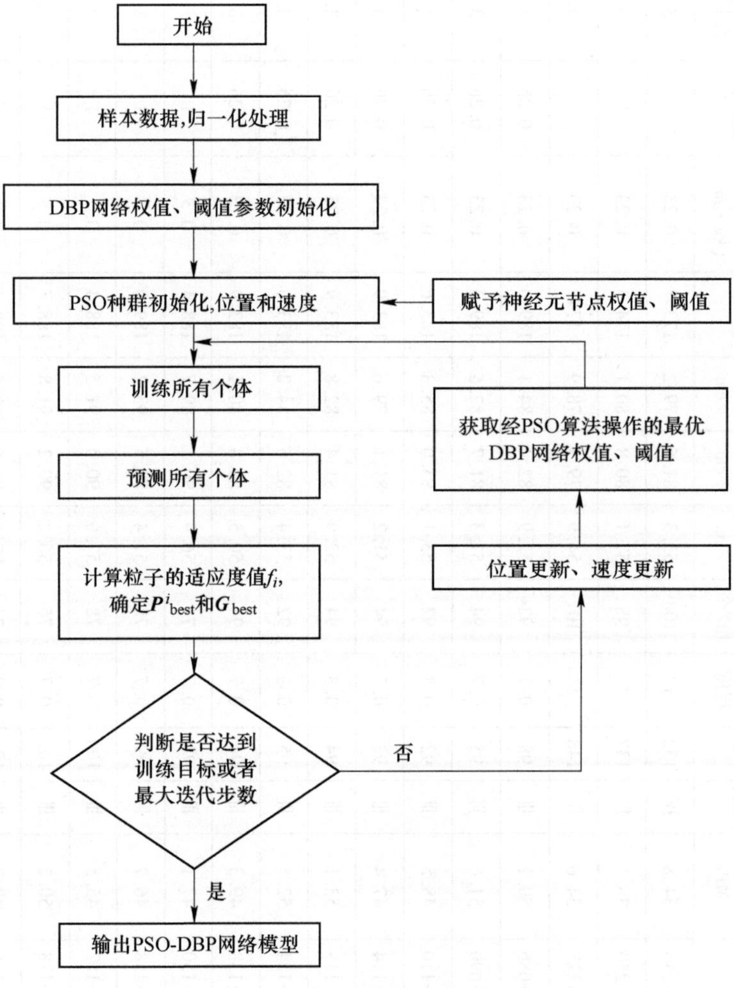

图 6.25　PSO-DBP 耦合算法流程图

对测试样本进行预测，计算每个粒子的个体适应度值f_i；

(4) 将当前粒子的适应度值f_i与粒子在先前迭代历史中的最佳适应度值$f(\boldsymbol{P}^i_{\text{best}})$进行比较，若$f_i$<$f(\boldsymbol{P}^i_{\text{test}})$，则将它视为当前最优位置，用新的粒子取代先前迭代历史中的粒子；

(5) 将每个粒子的最佳适应度值$f(\boldsymbol{P}^i_{\text{test}})$与所有粒子在先前迭代历史中的最佳适应度值$f(\boldsymbol{G}_{\text{best}})$进行比较，若$f(\boldsymbol{P}^i_{\text{test}})<f(\boldsymbol{G}_{\text{best}})$，则将它视为全局最优位置；

(6) 根据各粒子自身位置及最优粒子位置按照式（2.18）、式（2.19）更新粒子的速度和位置；

(7) 判断是否满足迭代计算终止条件。如果满足，则输出最优权值和阈值，并赋给 DBP 神经网络；否则，返回到步骤（3），直到满足最大迭代步数。

6.4.4 光面爆破参数优化数学模型求解

应用6.4.2节提出的有约束条件多目标规划问题求解方法，使用训练得到的PSO-DBP网络模型对隧道光面爆破参数进行优化求解。其计算流程图如图6.26所示，具体实现步骤如下。

(1) 首先确定隧道掌子面围岩地质参数（围岩单轴抗压强度、围岩级别、埋深和层理、节理发育及结合程度等），依据表6.5和6.3.1节光面爆破参数分析，初步确定光面爆破参数搜索范围，然后采用与PSO-DBP模型相同的粒子群算法在光面爆破参数搜索范围内随机生成炮孔总数量、周边孔间距、辅助孔间距、最小抵抗线、总装药量、周边孔装药集中度、周边孔装药结构和掏槽孔最大单孔装药量初始群体值，每一组光面爆破参数用一个粒子向量表示。

(2) 应用训练得到的PSO-DBP网络模型对输入参数的输出值进行计算，获得拱顶下沉、最大线性超挖、超欠挖面积和最大块石直径的预测值。应用式（6.24）计算每个粒子的适应度函数值f_i：

$$f_i = \frac{1}{M}\sum_{i=1}^{M}\sqrt{(0.3\times v_{i1} + 0.4\times v_{i2} + 0.3\times v_{i3})^2 - g_0^2} \tag{6.24}$$

式中，输出参数v_{i1}、v_{i2}和v_{i3}的权重系数w_{i1}、w_{i2}和w_{i3}取值参考多专家赋权平均法，取为$w_{i1}=0.3$、$w_{i2}=0.4$和$w_{i3}=0.3$；M为光面爆破参数初始群体值数量；令$g=0.3\times v_{i1}+0.4\times v_{i2}+0.3\times v_{i3}$，$g_0$为已知样本数据中的最小值。

(3) 按照式（6.25）进行约束条件拱顶下沉的判断，若拱顶下沉大于允许拱顶下沉，则对其适应度追加某一大数进行惩罚，见式（6.26），计算转入步(1)，否则执行下一步：

$$v_{i4} < u_0 \tag{6.25}$$

$$f_i = \frac{1}{M}\sum_{i=1}^{M}\sqrt{(0.3\times v_{i1} + 0.4\times v_{i2} + 0.3\times v_{i3})^2 - g_0^2 + C} \tag{6.26}$$

式中　C——惩罚参数，本书取 $C=1\times10^5$。

（4）比较当前粒子的适应度值 f_i 与粒子在先前迭代历史中的最佳适应度值 $f(\boldsymbol{P}^i_{\text{best}})$，若 $f_i<f(\boldsymbol{P}^i_{\text{best}})$，则更新粒子最优位置；比较所有粒子的最佳适应度值 $f(\boldsymbol{P}^i_{\text{best}})$ 与所有粒子在先前迭代历史中的最佳适应度值 $f(\boldsymbol{G}_{\text{best}})$，若 $f(\boldsymbol{P}^i_{\text{best}})<f(\boldsymbol{G}_{\text{best}})$，则更新全局最优位置。

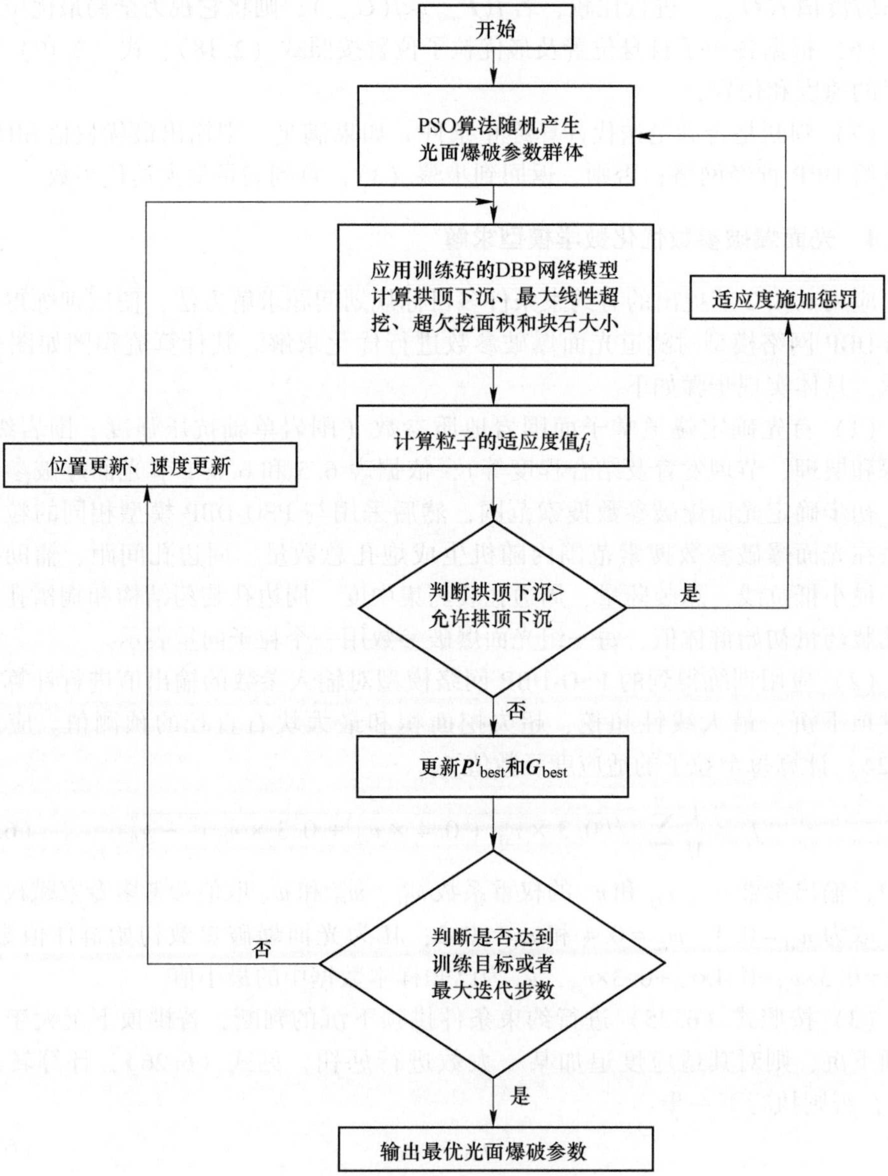

图 6.26　基于 PSO-DBP 耦合算法的隧道光爆参数优化计算流程图

(5) 判断是否满足训练目标或最大迭代次数，若是返回当前适应值最小的粒子，找到光面爆破参数最优解；若否更新粒子的位置和速度，计算转入步(2)；最终满足计算终止条件，输出最优光面爆破参数。

综上所述，光面爆破参数智能优化过程即基于建立的 PSO-DBP 神经网络模型，给定水平层状岩隧道掌子面地质参数，在表 6.5 和 6.3.1 节确定的光面爆破参数搜索范围内，采用 PSO 算法搜寻满足式 (6.25)，达到训练目标或最大迭代次数时，使式 (6.26) 最小的光面爆破最优参数。

6.4.5 工程实例分析

以蟠龙山隧道左线 ZK79+415 断面为例，断面净宽度为 16.1 m；依据地勘资料和现场勘察，确定围岩单轴抗压强度为 36.8 MPa，围岩级别为Ⅳ级，埋深为 72 m，层状结构且层理、节理较发育，层间结合程度一般。由表 6.5 可知，该断面光面爆破参数搜索范围为中硬岩对应的范围，由表 6.8 可知，该断面允许的拱顶下沉值为 $0.5\times16.1\times0.4\times10=32.2$ mm。

基于 PSO-DBP 光面爆破智能优化算法，计算得到该断面最优光面爆破参数见表 6.12。

表 6.12 蟠龙山隧道 ZK79+415 断面最优光面爆破参数

位置	炮孔总数量/个	周边孔间距/cm	辅助孔间距/cm	光爆层厚度/cm	总装药量/kg	周边孔装药集中度/(kg·m^{-1})	周边孔装药结构	掏槽孔最大单孔装药量/kg	拱顶下沉/mm	最大线性超挖/cm	超欠挖面积/m^2	最大块石直径/cm
拱顶	70	58.2	108.2	66.5	37.5	0.21	0.17	2.3	21.0	41.9	4.1	55.2
拱腰	117	51.5	72.1	68.4	166.2	0.23	0.23	2.5	21.2	18.7	2.5	69.5
合计	172	—	—	—	206.9	—	—	—	—	—	—	—

从表 6.12 可知，优化结果均满足表 6.5 中硬岩光面爆破参数搜索范围，且计算所得拱顶下沉小于允许拱顶沉降限值。同时，考虑到表 6.5 中光面爆破参数未考虑围岩层理结构，参考 6.3.1 节、表 6.10 和表 6.11，将周边孔装药集中度拱顶调整为 0.15 kg/m，拱腰调整为 0.2 kg/m。采用以上优选光面爆破参数，蟠龙山隧道左线 ZK79+415 断面实际爆后效果，如图 6.27 所示。可以看出，爆后隧道围岩轮廓左、右拱肩位置略有起伏，但无大的错台，左、右拱腰位置较为平整，整体成型较好，该结果表明优选的光面爆破参数合理、有效。

依据工程实践揭露了水平层状岩体隧道光面爆破超欠挖严重的现状，本章首先应用理论分析阐述了水平层状岩体隧道不同部位爆破成型的机理，然后采用现场试验和智能优化两种手段，提出了光面爆破参数优化方法。主要结论如下。

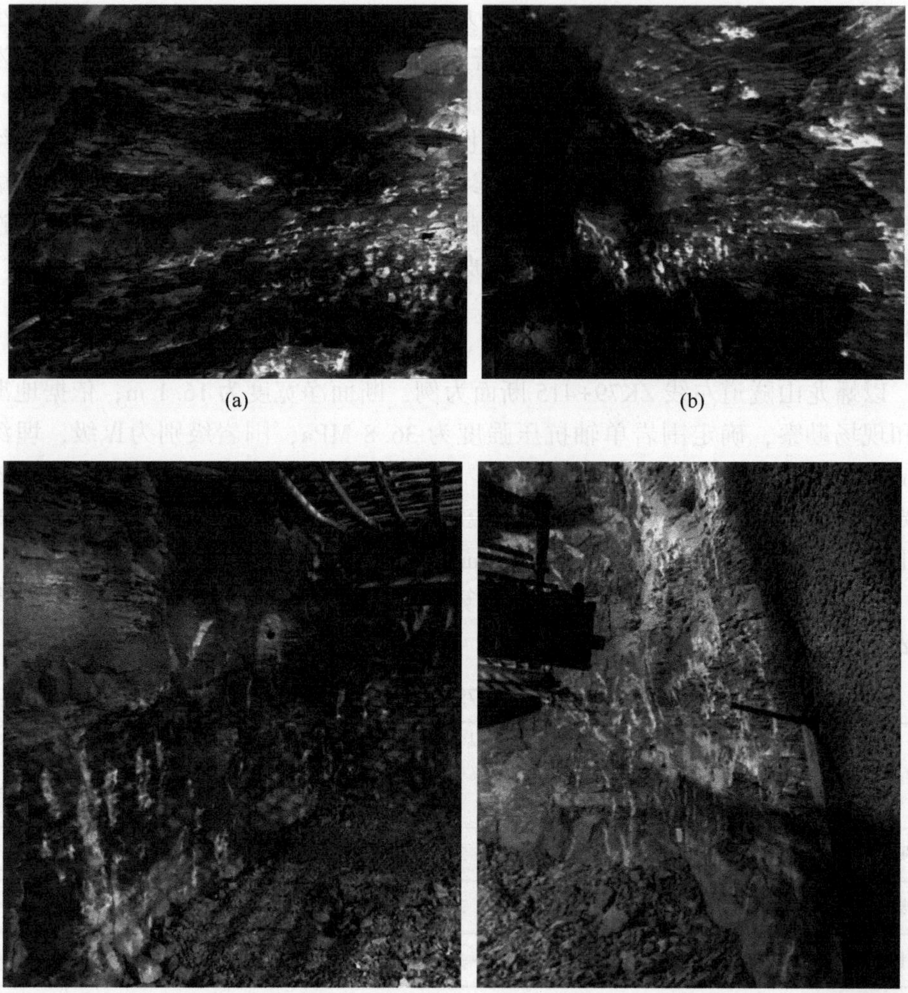

(a)　(b)　(c)　(d)

图 6.27　蟠龙山隧道左线 ZK79+415 断面光面爆破参数优化后围岩特征分布

（a）左拱肩；（b）右拱肩；（c）左拱腰；（d）右拱腰

图 6.27 彩图

（1）从爆破动力作用和开挖后静力状态下两方面阐释了水平层状岩体隧道围岩损伤及失稳机理，从周边孔爆破损伤范围、周边孔炮孔连线与节理夹角的共同作用方面阐释了水平层状岩体隧道开挖断面不同部位爆破成型机理。

（2）通过理论分析和现场试验，从调整周边孔炮孔间距、光爆层厚度、装药集中度、装药结构、掏槽孔最大装药量以及增设空孔等方面优化了水平层状岩体隧道光面爆破参数，爆后超挖明显减小，爆破成型效果较好。

（3）提出了基于多个炮孔目标检测结果的隧道炮孔间距参数获取算法，可快速、准确获得隧道断面炮孔总数量、炮孔间距和光爆层厚度等参数。

（4）隧道光面爆破参数优化是一个含约束条件的多目标规划问题，对此首先应用惩罚函数法和线性加权法将其转化为无约束条件的单目标优化问题，然后构建了隧道围岩地质条件、炮孔及装药参数与拱顶下沉、超欠挖和块石大小之间的 PSO-DBP 神经网络映射模型，然后基于确定的隧道围岩地质参数，实现了在给定的光面爆破参数搜索范围内，智能选取满足围岩稳定条件的光面爆破最优参数。

参 考 文 献

[1] 徐帮树，张万志，石伟航，等．节理裂隙层状岩体隧道掘进爆破参数试验研究［J］．中国矿业大学学报，2019，48（6）：1248-1255.

[2] 中交第一公路工程局有限公司．JTG/T 3660—2020 公路隧道施工技术规范［S］．北京：人民交通出版社，2020：45.

[3] 邓祥辉，陈建勋，罗彦斌，等．水平层状围岩隧道爆破控制技术［J］．长安大学学报（自然科学版），2017，37（2）：73-80.

[4] 丁黄平．节理裂隙岩体隧道爆破成型效果研究［D］．长春：吉林大学，2009.

[5] 彭恒．层状节理发育岩体爆炸应力波传播规律研究［D］．合肥：安徽理工大学，2018.

[6] 夏才初，孙宗颀．工程岩体节理力学［M］．上海：同济大学出版社，2002.

[7] 岳中文，杨仁树，郭东明，等．爆炸作用下空孔周围应力场变化的模型实验［J］．煤炭学报，2009，34（5）：624-628.

[8] Li M，Zhu Z，Liu R，et al. Study of the effect of empty holes on propagating cracks under blasting loads［J］．International Journal of Rock Mechanics and Mining Sciences，2018，103：186-194.

[9] 杨跃宗．新林隧道光面爆破参数优化研究及工程应用［D］．西安：西安建筑科技大学，2018.

[10] 范宇．水平层状岩隧道爆破施工成形控制技术［D］．西安：西南交通大学，2017.

[11] 中国力学学会工程爆破专业委员会编．爆破工程［M］．北京：冶金工业出版社，1992.

[12] 石洪超．层状围岩小净距隧道掘进爆破振动效应及围岩稳定性研究［D］．成都：西南交通大学，2017.

[13] 罗伟，朱传云，祝启虎．隧洞光面爆破中炮孔堵塞长度的数值分析［J］．岩土力学，2008，29（9）：2487-2491.

[14] 何闯，王海亮．优化爆破参数进行地铁车站隧道控制爆破［J］．隧道建设，2016，36（1）：97-101.

[15] 拉基舍夫 Б Р，拉基舍瓦 З Б，奥埃佐夫 А М，等．钻孔装药爆破岩石块度组成的分析方法［J］．工程爆破，2015，21（6）：55-59.

[16] 王祥厚，李程远．台阶爆破岩石块度预测的神经网络［C］// 第七届全国工程爆破学术会议，2001.

［17］康建坤．硐室爆破岩石块度预测［D］．唐山：华北理工大学，2010.
［18］Chen M，Lu W，Yi C. Blasting vibration criterion for a rock-anchored beam in an underground powerhouse［J］．Tunnelling and Underground Space Technology，2007，22（1）：69-79.
［19］禹春辉，朱传云，瞿立新，等．微粒群算法在隧道爆破参数优化中的应用［J］．水利与建筑工程学报，2009，7（3）：30-32.
［20］倪勤．最优化方法与程序设计［M］．北京：科学出版社，2009.
［21］王睿，漆泰岳，冯剑，等．基于遗传算法的 BP 神经网络隧道施工参数正反演分析与应用［J］．铁道学报，2016，38（4）：98-104.
［22］周冠南，孙玉永，贾蓬．基于遗传算法的 BP 神经网络在隧道围岩参数反演和变形预测中的应用［J］．现代隧道技术，2018，55（1）：107-113.
［23］Hajihassani M，Armaghani D J，Sohaei H，et al. Prediction of airblast-overpressure induced by blasting using a hybrid artificial neural network and particle swarm optimization. Applied Acoustics，2014，80：57-67.
［24］胡斌，冉秀峰，祝凯，等．基于 BP 人工神经网络的隧道围岩力学参数反分析［J］．铁道建筑，2016（7）：70-73.
［25］王超．爆破振动分析及智能预测技术研究［D］．青岛：山东科技大学，2014.
［26］Liu K，Liu B. Optimization of smooth blasting parameters for mountain tunnel construction with specified control indices based on a GA and ISVR coupling algorithm［J］．Tunnelling and Underground Space Technology，2017，70：363-374.

7　结论与展望

7.1　结　　论

(1) 依托新建高速铁路、高速公路、城市地铁等隧道工程构建了隧道炮孔目标检测数据集，包括单个炮孔图像数据集、多个炮孔图像数据集，共计 24392 幅炮孔图像。该数据集考虑了围岩条件、光照强弱、拍摄距离、拍摄角度等变化以及阴影、遮挡物等差异因素；提出反映炮孔种类和围岩破碎情况的三类标签，即圆形炮孔、椭圆形炮孔和不规则形炮孔。统计炮孔孔径尺寸分布范围以及小尺度炮孔数量占比率。

(2) 提出了基于轻量级网络 SqueezeNet 实现单个炮孔目标检测的改进 Faster R-CNN 方法。首先集成多尺度输入和自上而下多层特征融合等策略，实现了小尺度炮孔的有效识别与位置定位。其次提出了基于距离约束的 NMS 炮孔过滤算法，剔除了单个炮孔临近周围的假炮孔和伪炮孔；同时基于控制变量法进行了 Faster R-CNN 模型超参数的选取，确定如下：terations = 150000 次；anchors = 5；max_boxes = 150；learning rate 为 base_lr = 1×10^{-5}，每迭代训练 100000 次，缩小 0.1 倍；cmot = 0.15；overlap_threshold = 0.6。最终基于以上深度学习方法，实现了单个炮孔快速、高召回率和高精确率的识别与位置标注。

(3) 提出了基于更深层网络 ResNet-51 实现多个炮孔图像目标检测的改进 Faster R-CNN 方法。首先集成两阶段训练、自上而下多层特征融合、在线困难样本挖掘等方法，然后提出增加距离约束 NMS 的多个炮孔过滤算法，实现了对弱小、数量多且间隔分布的多个炮孔高召回率和较高精确率的识别与位置标注。

(4) 多个炮孔目标检测的分类标签（bhc、bhe 和 bhi）可有效用于指导辅助孔、周边孔、掏槽孔和破碎岩体的判断。

(5) 从爆破动力作用和开挖后静力状态下两方面阐释了水平层状岩体隧道围岩损伤及失稳机理，从周边孔爆破损伤范围、周边孔炮孔连线与节理夹角的共同作用方面阐释了水平层状岩体隧道断面不同部位爆破成型机理。通过现场试验，从调整周边孔炮孔间距、光爆层厚度、装药集中度、装药结构、掏槽孔最大装药量以及增设空孔等方面优化了水平层状岩体隧道光面爆破参数。

(6) 提出了基于多个炮孔目标检测结果的炮孔数量和间距参数智能获取算法，可快速、准确获得隧道断面炮孔总数量、炮孔间距和光爆层厚度等参数。

(7) 提出了水平层状岩体隧道光面爆破参数智能优化方法。该方法首先构建了隧道围岩地质条件、光面爆破炮孔及装药参数与拱顶下沉、超欠挖和块石大小之间的PSO-DBP神经网络非线性映射模型，然后将含约束条件的光面爆破参数优化问题转化为无约束条件的单目标优化问题，在给定的光面爆破参数搜索范围内，采用PSO算法智能选取满足围岩稳定条件的光面爆破最优参数。

7.2 展　　望

本书对隧道炮孔智能识别方法、节理岩体隧道光面爆破参数优化方法进行了探索与研究工作，为深度学习方法在隧道炮孔参数智能优化领域的应用开辟了一条新的技术路径。然而作为一个初步被研究的新领域，仍然有很多方面有待研究与改进，未来可以从以下几个方面开展更深入的研究与探讨。

(1) 构建更全面、更大型的隧道炮孔数据集。例如，涉及更丰富的岩质背景，设置更好的光照条件，涵盖更大面积的隧道断面（整个隧道上台阶断面或是全断面），最终实现隧道炮孔的高召回率和高精确率的识别与位置标注，同时可以减少隧道分断面拼接工作，有助于一次获得隧道整个开挖断面炮孔总数量以及炮孔间距等参数。

(2) 炮孔位置信息的提取与分析。本书的研究目标集中于炮孔识别与炮孔间距等参数的获取，然而炮孔在开挖断面中的相对位置分布也至关重要，若能基于局部坐标系，获取隧道断面中所有炮孔目标的平面坐标信息：一方面有助于精确建立炮孔分布与爆后轮廓超欠挖位置的关系，实现炮孔参数的智能优化；另一方面可准确指导智能装药装备的自动化装药应用。

(3) 同步实现隧道掌子面炮孔和层理、节理等结构面的识别。岩石中的层理及节理组数、间距两个指标可以反映掌子面完整程度，基于深度学习的方法同步实现炮孔、层理和节理等参数，有助于指导设计炮孔的数量和间距等参数。